Liturgy Flower Essay

님의 향기를 따라서

저자 김정희 엘리아

Liturgy Flower Essay

님의 향기를 따라서

저자 김정희 엘리야

책을 엮으며

첫인상 첫 마음 첫 말 한마디가 앞으로의 그 사람과의 관계를 결정한다지요. 주님과의 첫 만남을 기억 해 봅니다. 그저 성당이라는 분위기에 이끌려 첫 발을 디디며 십자가에 매달리신 주님과 이렇게 기나긴 이야기를 나누게 될 것이라고는 그때는 미처 몰랐습니다. 내 삶에 한 부분을 아름다운 전례의 향기로 채워가도록 매도 들어 주시고, 때로는 충만한 은총으로 삶의 기쁨을 만끽하게도 해 주셨던 나의 소중한 일상들을 모아 미약하나마 책을 엮어 보았습니다.

여기의 글과 작품들은 지난 몇 년 동안 월간지에 기고했던 내용을 비롯하여 교구 전례꽃꽂이 활동을 하면서 발표했던 작품들과 봉사를 다니면서 기억에 남는 고운 추억을 글로 옮겨 놓았습니다.

전례꽃꽂이를 하면서 일어났던 소소한 일상들이 큰 은총으로 다가오고, 주님과 행복한 동행을 하면서 내 마음속의 뜨겁게 일고 있는 열정이 나만의 것이 아닌 그 누군가의 밀알이 되어 아름다운 향기를 함께 나눌 수 있다면 참 고맙겠습니다.

많은 시간이 흐른 지금 돌아보면 내 삶의 좋은 점도 있었고 때로는 그만둘까 하는 생각도 가질 때도 있었지만, 그때마다 옆에서 따뜻한 격려로 힘을 돋아주는 가족이 있어 한 길을 걸어오지 않았나 싶습니다. 내 남편 스테파노씨, 속 깊은 큰아이 마리아, 귀여운 막내둥이 카타리나에게 깊어가는 이 가을에 주님의 사랑 한 가득 실은 책 선물을 남기고 싶습니다. 감사하고 고마운 마음을 전하며.

차례

1. 대림시기

원당동 성당, 대림환 · 14
일신동 성당, 대림환 · 16
교구 전례꽃꽂이회 전시작, 대림시기 · 17
원죄 없이 잉태되신 동정 마리아 대축일 · 18

2. 성탄시기

일신동 성당 조배실 구유 · 22

일신동 성당 구유 · 24

일신동 성당 구유 1, 2 · 26

갈멜 수도원 가는 길 · 28

원당동 성당, 천주의 성모 마리아 대축일 · 30

일신동 성당, 주님 세례 축일 · 32

교구 전례꽃꽂이회 전시작, 주님 세례 축일 · 34

차례

3. 사순시기

한국 전례꽃 지도자 연합회, 사순시기 · 38

원당동 성당, 사순시기 · 40

일신동 성당, 사순시기 · 42

교구 전례꽃꽂이회 전시작, 사순시기 · 44

내 마음 속의 이야기 1. 베드로 신부님을 생각하며 · 47

장기동 성당, 사순시기 · 50

교구 전례꽃꽂이회 데몬스트레이션 작, 주님만찬 성 목요일 · 52

원당동 성당, 주님 만찬 성 목요일 1, 2 · 54

내 마음 속의 이야기 2. Beutiful Days · 58

4. 부활시기

원당동 성당, 예수부활 대축일 · 64

대전교구 전례꽃꽂이연구회 데몬스트레이션 작 · 66

노틀담 복지관, 예수부활 대축일 · 68

교구 전례꽃꽂이회 데몬스트레이션 작 · 72

내 마음 속의 이야기 1. 대전교구 가는길 · 78

내 마음 속의 이야기 2. 돌렌띠노 수도원 가는길 · 82

돌렌띠노 수도원, 예수 부활 대축일 · 84

일신동 성당, 주님승천 대축일 · 86

원당동 성당, 성령강림 대축일 · 88

내 마음 속의 이야기 3. 경향잡지 삶의 자리 · 90

차례

5. 연중시기

일신동 성당, 연중시기 · 96

월간지 게재작, 연중시기 · 100

한국전례꽃지도자연합회 데몬스트레이션 작, 주님 봉헌 축일 · 105

원당동 성당, 삼위일체 대축일 · 108

한국전례꽃지도자연합회 전시작, 그리스도의 성체성혈 대축일 · 112

천주 성삼 수도회,
한국 성직자들의 수호자 성 김대건 안드레아 사제 순교자 대축일 · 114

신도 성당, 성모승천 대축일 · 116

돌렌띠노 수도회, 성모승천 대축일 · 120

내 마음속의 이야기 1. 나만의 생각 · 122

원당동 성당, 성모승천 대축일 · 124

원당동 성당, 그리스도왕 대축일 · 130

내 마음속의 이야기 2. 미카엘 수사님과의 추억 · 132

6. 성월

노틀담 복지관, 성모성월 · 138

성모의 밤 · 140

원당동 성당, 예수성심성월 · 142

내 마음 속의 이야기 1. 헌화회의 성지순례 · 144

한국 일만 위 순교자 현양동산, 순교자 성월 · 148

포동 성당, 순교자 성월 · 152

내 마음 속의 이야기 2. 돈보다 좋더라 · 154

성 김대건안드레아와 성 정하상바오로와 동료 순교자 대축일 · 158

월간지 게재작, 묵주기도 성월 · 160

노틀담 수녀회 성당, 묵주기도 성월 · 162

갑곶 성지, 위령성월 · 166

내 마음 속의 이야기 3. 천국으로 가시던 날에는 · 170

한국전례꽃지도자연합회 전시작, 위령성월 · 174

차례

7. 기타

클라라 수도원, 설 대축일 · 178
원당동 성당, 설 대축일 · 82
월간지 게재작, 추석 대축일 · 185
원당동 성당, 추석 대축일 · 186
한국전례꽃지도자연합회 데몬스트레이션 작, 추석 대축일 · 188
월간지 게재작, 견진 · 190
내 마음 속의 이야기 프리티한 루시아 수녀님 · 194
조배실에서 · 198

대림시기

대림환

[원당동 성당] 색 오리목, 애정목 열매, 이나무 열매, 꽃양배추, 러스커스, 엽난, 편백나무

회개와 속죄의 색 자색으로 착색된 오리목 10단으로 만든 우주를 뜻하는 둥근환에 나눔의 의미인 열매로 장식을 했다. 대림시기동안 주님이 오시기를 기다리며 우리에게 내려질 하느님의 새로운 생명의 표현은 편백으로 채웠다.

푸른잎은 늘 희망을 갖게 한다. 그린 잎에서 오는 선의 긴장감은 기다림의 미학이 될 수 있다. 엽난과 꽃양배추의 대조가 화려함을 피한 환의 조화를 준다. 네 개의 초는 구약의 4천년을 뜻하고 진한 보라색에서 흰색의 초의 색은 4주 동안 어둠에서 빛(구세주)으로 표현했다.

[일신동 성당] 공작편백, 피라칸사 열매, 오리목 열매, 색유채

대림환의 재료들은 다양하게 쓸 수가 있다. 넝쿨 종류도 좋고, 모던스타일로 나무를 자그맣게 잘라서 각각 붙이고 엮어서 환을 만들기도 한다. 위의 이미지처럼 둥근 모양을 프로럴폼을 이용해 식물을 꽂을 수도 있다. 이렇게 폼을 이용하면 디자인은 평범하지만 4주간 싱싱한 푸른 잎을 볼 수 있는 장점이 있다. 여러 가지 열매를 장식해 나눔의 의미를 충분히 주는 것도 좋겠다.

[교구 전례꽃꽂이회 전시작] **칡넝쿨, 다래넝쿨, 참나무껍질, 펠레놉시스, 마사토**

원죄 없이 잉태되신 복되신 동정 마리아 대축일

마디초(속새), 꽃양귀비, 알륨, 장미, 심비디움, 아네모네, 송악, 잎석죽

잉태의 작품 표현은 아늑하다. 포근하다. 편안하다. 또는 감싸는 형태를 떠올리게 되는데 작품이 나올 때 까지 복음을 읽고 또 읽고 묵상(생각)하고 핵심을 추린 다음 작품이 탄생한다.

마디초 안에서 여러 종류의 꽃들을 춤추게 했다. 그것은 지극히 거룩하신 성모님의 품속에서 뛰노는 어린아이가 되고픈 마음에서이다.
어머니!! 어머니!! 만인의 어머니 성모마리아여!!

성탄시기

구 유

매 해 재현하는 구유를 올 해는 하얀 눈이 소복이 내려앉은 풍경으로 꾸며 보았다. 예수님은 가난과 궁핍 속에서 이 세상에 오시어 늘 어려운 이웃에게 희망을 주시라 하시는 예수님!! 올 해는 새 하얀 희망으로 새 하얗게 성탄의 기쁨을 전해 본다.

구유의 장식을 마치고 조배실 한켠 벽에 기대어 살며시 눈을 감아 봅니다. 님의 달콤한 목소리가 귓가에 들려오네요. 세상의 달력 끝자락 12월로 내 달려온 시간을 잠시 멈추고 쉬어가라 일러 주시는 주님! 쫓기고 분 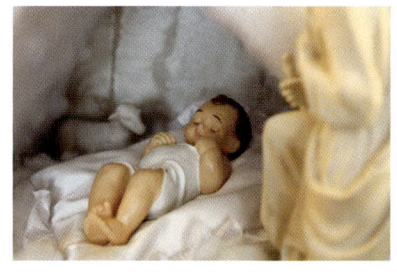 주함속에서는 찾을 수 없었던 평온함에 주님의 숨결을 느끼며 아무런 바람도 없이 모든 것을 다 내어 주시는 당신께 때로는 집착과 미움으로 투정도 많이 부리는 작고 보잘 것 없는 엘리아를 도구로 불러 주시어 큰 기쁨으로 돌려주시는 주님! 이제는 떠나야 할 시간입니다. 어디로 떠나냐구요? 원당으로 이사를.. 후훗.. 깜짝 놀라셨죠? 31년전 님을 처음 만나 사랑도 배우고 베품도 배우고 살맛나는 세상을 살며 신앙이란 멋진 타이틀 속에서 엘리아를 키워준 일신동 성당! 아무런 의미도 뜻도 모른 채 가톨릭의 분위기가 멋지다고 시작한 신앙이었습니다. 지금도 특별히 나아진 건 없지만 님을 향한 지고지순한 사랑과 믿음은 변함이 없는 엘리아니다. 제가 이사를 하였다 하여도 여전히 당신은 제 곁에서 굶주리고 헐벗은 이웃들과 아프고 고통 받는 이들을 위해 기도하라고 잔소리를 해대실거 다 알고 있습니다. 그러나 당신께 엘리아는 영원히 투정쟁이로 남고 싶습니다.

[일신동 성당]

세례자 요한 신부님이 첫 본당 주임 신부님으로 오셔서 첫 성탄을 보내시며 올 해 본당 구유는 요한 신부님이 직접 제작 하시기로 했다.
뚝딱 뚝딱 신부님과 몇몇 식구들은 며칠을 구유 작업에 열심하고
드디어 개봉 박두...... 두두두두두두두~~~~ 두둥~
튼튼하고 단단하게 반공호 스타일로 잘(?)도 지으신(팠음) 구유.
신부님의 첫 작품인 구유를 만드시는 작업이 힘이 많이 드셨나 보다.
예쁘게 꾸며 달라고 하시고는 휑하니 나가시는걸 보니...
누구나 첫 마음일 때는 펼치고자 하는 일들이 많고 해야 할 일들이 많은가 보다. 부시고 고치고 또 그 경험을 토대로 실력이 커지고 프로가 되는 게 아닐까.
신부님!! 넘 상심마세요...
튼튼한 구유 아기 예수님이 아주 편안하시답니다. ^^

[일신동 성당]

[노틀담 복지관 수녀님과 함께]

[일신동 성당]

[수원교구 성탄시기 데몬스트레이션 작품]

갈멜 수도원 가는 길

온통 새하얗게 변해버린 수도원 가는 길은 그야말로 눈의 세계였다. 눈이불을 덥고 있는 나뭇가지들의 합창 소리가 경쾌하게 나를 맞이해 준다. 길 위로 수북이 쌓인 눈 위로 발자욱을 한 발 자욱 두 발 자욱 남기며 조심스레 발길을 옮긴다. 원장 신부님께는 미리 말씀드려 놨지만 그리 자주 오는 곳이 아니라 여간 조심스러운 것이 아니다. 신비의 세계를 보는 것처럼 호기심이 발동해 기웃기웃 살피며 자연속의 웅장하게 들어서 있는 수도원 곳곳에 님의 숨결에 놀라고 아름다운 경관에 놀라고 오랜 침묵으로 지칠 법도 하건만 주님의 길을 따라 훌륭히 사시고 있는 수사님들과 그저 멋드러진 자연만 봐도 신앙이라는 이름으로 겉멋만 잔뜩 들은 나의 시선은 마냥 축복의 시간으로 돌아온다. 아~ 님은 어찌 이리도 멋지실까 님은 마술사..!! 원하는 것은 뭐든 다 주시는 도깨비 방망이.. 사랑 나와라 뚝딱..!! 행복 나와라 뚝딱..!! 다가오는 성탄과 함께 평화 나와라 뚝딱..+++

예수 성탄 대축일

[갈멜 수도원]

천주의 성모 마리아 대축일

[원당동 성당] 소나무, 백합, 심비디움, 국화, 러스커스

전통꽃꽂이 즉 동양적 꽃꽂이는 질감이 거친 것도 잘 어울린다. 속이 깊어서 장식하기에 불편함도 있지만 단지 안에다 고정 할 수 있는 도구를 쓰면 된다. 속이 깊은 것은 안에 나뭇가지나 철사 구긴 것으로 2/3 정도 채우고 (제대 장식을 하기엔 재료가 약간 많으므로 아래쪽에 스티로폼을 넣고 셀로판지로 싼 프로럴폼을 넣으면 장식하기에 편리하다.) 그 사이사이에 고정을 하면서 장식을 하면 편리하다.

주님 세례 축일

[일신동 성당] 다래넝쿨, 아스파라 고이데스, 아나나스, 심비디움, 맥문동

작품 설치를 할 때 제대보다 높게 하는 것은 바람직하지 않다고
신부님이나 수녀님들은 말씀하신다.
미사 집전을 하실 때 방해를 할 수 있기 때문에 그렇다고...

이번 작품에서는 약간만 올라가기로 한다.
구조물을 설치하다 보면 길이가 그래도 얼마만큼 나와 줘야
작품의 모양새가 나오므로... 풋

재료를 준비하면서 넝쿨도 그렇고
식물들이 갖고 있는 잎들이 두꺼워 딱딱할 줄 알았는데
색의 비율이 시각적으로 부드러운 효과를 주어
세례축일의 분위기가 물씬 풍기는 작품이 되었다.

주님 세례 축일

[교구 전례꽃꽂이회 전시작] 다래넝쿨, 다알리아, 백합, 썸바디

작품을 하다보면 작가의 특징이 나타나기 마련인데
나는 다래넝쿨를 소재로 쓴 작품이 많이 있다.
이번 작품에서도 여지없이 다래넝쿨을...^^

주님을 뜻하는 새하얀 비둘기가
다래넝쿨 위 아래서 살포시 내려 앉은 모습은
보기만 해도 마음에 평화를 준다.

사순시기

사순시기

[한국전례꽃지도자연합회 데몬스트레이션 작]
다래넝쿨, 아스파라 플로모서스, 팔손이 열매, 카라, 심비디움, 찔레넝쿨

다래넝쿨은 제대 장식을 하다 보면 쓰임이 아주 많은 소재중 하나다. 사순시기 뿐만 아니라 대림시기에도 단골 소재다. 돌돌 말기도하고 짜기도 하며 별다른 기술이 없어도 작품을 멋스럽게 연출할 수 있다. 특히 사순시기에는 작품 소재들이 탱자가시, 아스파라거스, 소철 등 질감이 거친 잎 소재들로 이용한다. 이럴 경우 넝쿨종류와 배합을 하면 원하는 작품을 하는데 많은 도움을 받을 수 있으며 사순시기에는 꽃을 쓰지 않기 때문에 소재를 고를 때는 상당히 조심스러울 수 밖에 없다. 그러므로 편하게 쓸 수 있는 소재로는 불염포가 싸고 있는 종류들로 선택을 하는 것이 무난하다.

사순시기

[원당동 성당] 꽃 사과나무, 탱자가시, 송악, 안투리움, 아나나스

거리에 가지치기를 해서 쌓여있는 것들을 보면 뭐 쓸 것이 없나 살펴보게 된다. 통나무 토막이라도 보이는 날이면 무슨 횡재라도 맞은 것처럼 다가가 뒤적뒤적 거리게 된다.

좌측 작품에 쓴 나무토막은 경기도 하남에서 싣고 온 것이다. 조경공부를 하다 쉬는 시간에 밖에서 차 잔을 들고 배회도중 발견한 보물... 후후

함께 있던 동료들은 저것을 무엇에 쓰려고 그러나 의아하게 바라보았지만 이렇게 사순시기의 작품으로 장식해 놓으니 묵상하기에 좋은 작품으로 재탄생했다.

사순시기

[일신동 성당]

사랑은 상대방에 대한 배려라고 하지만 어느 한 쪽에서만 베푸는 사랑은 여간 힘이 드는게 아니다. 어릴 적 어머님 하시는 말씀이 내 집에 오는 손님은 그냥 보내는 것이 아니고 물 한 모금이라도 마시고 가게 하는 것이 예의라 했다. 그리고 남에게 무엇을 나눌 때도 내가 좀 적게 갖고 내가 좀 덜 좋은 것을 갖고 상대방에게는 좋은 것으로 나눠야 한다고 배웠다. 내가 싫으면 상대방도 싫고 내가 먼저 상대방을 존중하고 배려할 때 마음이 행복하지만 아무리 그래도 상대편의 입장에서 생각하고 행동으로 옮긴다는 것은 배려심이 없으면 힘만 들고 고통이 따를 뿐이다. 사순시기에는 희생을 통한 나눔을 강조하는 시기임에 늘 살아온 뒤를 돌아보고 또 회개하며 배려하는 마음으로 살맛나게 살기를 기도하지만 부족한 엘리아는 오늘도 사고쳤다. 야 ~~ 이야~~ 나 혼자 집안일 다 하라는 거야~~~~ 잇~~ 울그락 불그락~~

[교구 전례꽃꽂이회] 데몬스트레이션 작]

사순시기

[교구 전례꽃꽂이회 전시작]
스티로폼 조형물, 아스파라거스, 화살나무, 수국, 아디안텀, 쥬뜨

어느 날 전라남도 목포에서 전화가 왔다. 개신교 꽃 봉사자라며 소개를 하고는 이 작품에 대한 문의를 하는 것이다. 사순을 맞아 꼭 한번 재현해 보고 싶다고...
작가는 그런가보다. 작품 활동을 하면서 이런 전화 한통 그 누군가가 나의 작품을 통해 감명을 받고 또한 그 작품을 따라 그들의 작품 세계로 전개시킬 수 있는 의미를 부여하고 있구나를 느낄 때 그 기쁨은 배로 다가온다.

님의 향기를 따라서

내 마음속의 이야기

– 베드로 신부님을 생각하며

전에 살던 곳 일신동 성당에서 3년을 계시다 가신 베드로신부님이 새로 건축을 하신 곳 장기동 성당을 찾았다. 오늘따라 바람이 무척이나 차갑게 볼을 때린다. 담이 없어 사방이 확 트인 성당 마당에는 겸손하신 모후의 성모님이 반갑게 맞아 주신다.

대성전 입구... 벽면의 타일은 다양한 십자가 문양을 수작업으로 조각한 것으로 아름답게 꾸며져 있었다. 성전 안으로 들어서니 십자가에 달리신 예수님 고상이 보인다.

어둠과 빛의 조화, 고통과 인내의 조화, 희생과 희망의 조화... 순간 많은 생각들을 떠 올리게 하며 인류의 죄를 대신하여 모든 것을 바치신 예수님은 자비와 사랑으로 다가와 잠자는 내 마음 속 신앙의 의미를 일깨우기에 충분했다.

스테인드글라스 창의 성화 사이로 비치는 빛은 어두움과 밝음 명암의 조화 속에서 묵묵히 달려계신 십자가상의 예수님을 한참동안 바라보며 지나간 시간 베드로 신부님과의 추억 하나를 떠올리게 했다.

미사를 드리다 보면 강론 시간이 왜 이리도 길게 느껴지는지 모르겠다. 연신 고개를 끄떡이며 "안녕하세요?"를 연발한다. 또는 친구의 말에 의하면 "부르셨어요?" 하며 앞으로 고개를 떨군다하여 웃음을 참지 못해 꿀밤을 맞기도...

그러던 어느 날 베드로 신부님이 오시면서부터 나는 비로소 그 잠을 깨울 수 가 있었다. 적당히 굵직한 목소리, 에너지 넘치는 톤, 강한 포스가 느껴지는 강론 스타일, 스따~일..~ 더더욱 잠이 확 깨는 것은 복음말씀의 핵심을 간략하게 찝어주는 점이었다. 실생활에서 일어났던 사건에 복음말씀을 접목시켜 들려주는 강론은 그저 미사만 가면 고역(?)이었던 강론시간이 새롭게 다가오는 새 세상이었다. 시계추처럼 왔다갔다 변함이 없던 신앙생활에 한걸음 더 나아가게 해 주신 박 광선 베드로 신부님에 대한 추억의 한 페이지를 열어볼까한다.

나는 뭐 그리 성당에서 튄다거나 봉사를 열정적으로 한다거나 그러진 않고 그냥 주어진 사명에 충실하는 조용한 신자이고 봉사자다. 그래서 성당에서 일어나는 소식들은 열심한 친구를 통해 거의 아는 정도였다.

베드로 신부님은 일신동 성당에 첫 주임신부님으로 오시게 되어 사목을 아주 열정적으로 펼치고자 하시는 것이 느껴졌다. 얼마나 에너지가 넘치는지 별명도 레이저 박 이라고 붙쳐질 정도였다. ^^

그래서 그런지 엘리아도 덩달아 성당에 가는 길이 신이 나고 봉사도 즐겁게 하게 되었다. 제대꽃꽂이를 하고 있노라면 베드로 신부님은 커피를 손가락으로 휘휘 저으며 갖고 와서는 한잔씩 주신다. 웩~~~아이 지저분햇!! 정말... 하면서 거절하고 싶지만 어찌 할 수 없어 받아들이고 있으면 한바탕 웃음꽃을 피우고 사라지신다. 겉으로 풍기는 이미지와는 다르게 정도 많으시고 개구쟁이 같은 성품이 장난 끼가 가득함을 감출길이 없었다.

부활이 끝나고 나면 엠마오를 다녀오는 것을 나는 그 해 처음 알았다. 본당에서 봉사를 하며 지나간 시간이 꽤 오래되었지만 이렇게 본당 식구들을 비롯해 신부님과 함께 가는 것은 처음인지라 설레는 마음에 기분이 무척 흥분되어 기다리고 있던 차에 올랐다.

대부도를 지나 선제도 라는 곳으로 간 것으로 기억된다. 자그마한 바닷가에 약간은 잔 돌들이 많은 모래사장에 자리를 잡고 짐을 풀고 있자니 조금은 쌀쌀한 바닷바람이 옷깃을 여미게 했다. 철썩이는 파도소리에 귀를 기울이고 바닷가의 귀여운 주인들 갈매기를 찾았지만 녀석들 한 마리도 보이지 않았다.

준비해 온 점심을 먹으려 꺼내 놓는데 뭐 이리 맛있는 게 많은지 입이 연신 싱글벙글.. 나는 그리 양이 큰 것은 아니지만 먹을 것이 많다는 것은 행복한 일이 아닐 수 없다. 우리는 서로 인사를 하고 음식을 나누며 그동안 쌓였던 이야기보따리를 풀어 놓으며 수다 삼매경에 빠져 얼마나 하하 호호 했던지 날이 저물 무렵에서야 아쉬움을 남기며 일어났던 아름다운 날이었다.

돌아오는 길에 차 안에서의 신부님의 사건(?)을 생각하면 지금도 웃음으로 턱이 빠질 지경이다. 그 폭발하는 에너지를 어찌 감당하랴 완전 라이브 무대를 옮겨 놓은 자리였던.. 하하하... 신부님의 정적인 모습에 흥겨운 차 안 풍경으로 기억되어 나는 오랫동안 신부님을 생각 할 때마다 웃음을 참질 못해 즐거운 고생(?)을 했다.

신부님은 일신동 성당에서 장기동 성당으로 가셨다가 지금은 인도네시아에서 사목을 하신다고 한다. 일신동 성당을 떠나신 후 뵌 적은 없지만 그래도 늘 마음속으로 기도 중에 만나면 그 개구쟁이 같은 미소 속에 사랑을 전해 주시는 듯 반갑다. 늘 건강하시고 뜻하시는 사목을 펼치시길 두손을 모은다.

사순시기

[장기동 성당] 다래넝쿨, 아스파라거스 풀루모서스, 카라, 심비디움, 아미, 이끼

사순시기에는 예수님의 수난, 단식, 고통, 희생, 절제, 유혹 등에서 작품을 하기 위한 묵상을 해 봅니다. 꽃을 안 쓰고 해야 하는 사순시기의 제대 꽃 장식이므로 소재 선택에도 어려움이 따르기 마련이지요. 다래 넝쿨의 굵직한 선을 이용해 봅니다. 다래넝쿨은 다양한 선의 멋도 있고 공간미도 느낄 수 있어 자주 쓰는 소재중 하나입니다. 아랫쪽에는 가느다란 넝쿨사이로 찔레 가시를 함께 넣어 예수님의 단식과 희생의 고통을 표현해 보았습니다. 어둠속에서도 빛을 봅니다. 하얀 아미의 하늘거림에 예수님의 희생을 통한 희망과 은총을 담아 봅니다.

주님 만찬 성 목요일

[교구 전례꽃꽂이회 데몬스트레이션 작]
마블 화기, 조팝나무, 안스리움, 아스파라 고이데스, 심비디움, 빵, 포도주

당신을 낮은 데로 낮추시고 사랑을 몸소 보여주신 주님만찬은 겸손과 사랑입니다.

전례시기의 색은 백색으로, 성체를 예쁜 화기로 표현해 봅니다. 화기의 표면에 가느다랗게 그려진 금색 라인이 있어 리듬감을 따라 사랑을 내려 주시는 듯 아주 좋습니다. 조팝나무의 굵지 않은 선으로 동양꽃꽂이의 기법을 이용해 봅니다. 곡선이 있는 곳엔 직선을 넣어 주면 한결 힘이 있어 보이지요. 하얀 안투리움으로 늘어진 곡선의 중심을 잡아 주었습니다. 안스리움의 불염포 하트 모양 속에 주님이 제정하신 성체성사의 사랑을 한가득 담아 봅니다.

주님 만찬 성 목요일

[원당동 성당] 보리, 잎새란, 아스파라거스, 장미, 조팝, 나리, 잎 석죽, 스티로폼, 핀, 아트포도, 포도주

조형적 표현을 하면서 전례시기에 맞는 작품을 한다는 것은 멋과 말씀을 함께 담아내는 작업이 됩니다. 기하학적 조형물에 무늬도 같은 패턴으로 작품을 완성 했을 때 시각적으로 긴장감이 있어 한층 멋스럽습니다. 물론 전례꽃 장식이라는 특별한 작업이지만 형제 자매님들이 성당에 왔을 때 작품을 보고 주님과의 마지막 만찬의 장면을 선사하는 것 또한 봉사자가 할 일의 한 부분이 아닐까 생각해 봅니다.

주님 만찬 성 목요일

[원당동 성당] 포도, 포도주, 빵,, 그린열매, 조팝, 펠레놉시스, 문늬 둥굴레, 안투리움, 백합, 꽃도라지

성체의 신비스러운 은총으로 일상의 삶 안에서도 거룩하게 변모되는 모습을 지니며 기쁨이 넘치는 삶을 살게 하시는 주님!! 그 신비의 은총을 의심하지 않고 믿음으로 살게 하며 미사 참례 때마다 주님께서 우리들에게 마련하신 커다란 은총의 식탁을 맞습니다. 내 자신을 좀 더 맑은 존재로 하기 위하여 노력하고 주님의 성체를 내 안에 모실 때마다 거룩하게 변모하는 은총을 받고 내가 살아가는 동안 주님의 딸로 성체 성사의 신비한 은총은 큰 기쁨과 사랑의 양식이 되어 주님께서 이르신 "내가 너희를 사랑한 것처럼 너희도 서로 사랑 하여라" 말씀대로 나의 이웃에게 사랑을 나누며 살도록 하겠습니다.

내 마음 속의 이야기

- Beutiful Days

[2005 사제수품장식]

[2006 사제수품장식]

시작도 끝도 없는 님의 사랑이어라...

교구 전례꽃꽂이 단체장을 지내면서 주님의 은총을 끝도 없이 받았던 그 때 나는 알았고, 벤뎅이 속처럼 작고 못났던 엘리아를 주님께서 넓은 인간으로 만들어 주시기까지의 과정은 지금도 생각하면 가슴이 펄떡펄떡 뛴다. 함께 했던 모든 분들과의 전례꽃꽂이를 통한 행복한 순간순간들은 내가 살아가는 많은 시간들을 기쁨과 환희로 채워주고 있다.

[최기산 보니파시오 주교님, 이학노 요셉 몬시뇰님, 박희중 안드레아 지도 신부님과 함께]

은총의 빛이 와르르...

일를 하다 보면 한 단체의 식구들이 열린 마음이 되어야 잘 이끌어 갈 수 있다. 앞에 서 있는 사람이 아무리 훌륭하다하여도 또는 부족할지라도 식구들 마음이 제각각이라면 그 팀은 깨질 수 밖에 없다. 앞에서 끌어주고 뒤에서 밀어주고 부족하면 감싸주고 서로 협력하면 행복한 시간들로 다가와 마음은 살찌고 주님의 사랑은 넘치고 차서 사는 맛이 나고...

[2005년 교구 전례꽃꽂이회 임원들과 함께]

부활시기

[원당동 성당] 스치로폼, 석고, 석고붕대, 포도나무, 조팝, 펠레놉시스, 프리지아, 잎석죽, 아트병아리

스티로폼(두께 5cm)을 목적에 맞게 잘라서 자른 부분을 매끄럽게 다듬어 석고를 바른 조형물을 만들었다. 포도나무를 교차시키며 구조적 형태로 구성하고, 프로럴폼을 세로로 세워서 조형물에 밀착시키고 우드픽을 이용해 고정시켰다. 조형물 앞으로 석고 달걀을 목적에 맞게 장식하고, 준비한 꽃과 병아리로 멋지게 연출한다.

[대전교구 전례꽃꽂이연구회 데몬스트레이션 작]
석고 스티로폼 조형물, 솜, 석고달걀, 병아리, 조팝, 펠레놉시스

 같은 작업을 반복하다 보면 때때로 지루할 때도 있지만 이리 귀엽고 자그맣게 생긴 병아리를 부칠 때면 미소가 절로 나온다. 비록 생명이 없는 이미테이션이지만 표정을 만들기 나름이다. 미소 짓는 표정, 마음이 불편한 표정, 앙증맞은 표정, 엄마가 그리운 표정, 심통 난 표정 등등 갖가지의 표정들이 다 있다. 마치 세상 사람들의 표정을 옮겨 놓은 듯하다. 짓고 있는 표정에 따라 느낌이 각각 다르지만 이 세상 모든 사람들이 부활의 기쁨을 함께 나누며 하나가 되는 축제가 되었으면 좋겠다.

[노틀담 복지관] 망개구조물, 용수염, 펠레놉시스, 알스토르메리아, 쟈스민, 장미, 덴드로비움, 이끼

복지관 현관 입구에 설치했던 작년 부활 장식. 망개 구조물을 이용해 봅니다. 여기는 장애우들이 공부하는 곳인지라 호기심을 불러일으키는 디자인으로 택했습니다. 원 안에 무엇이 있는지 준비하는 내내 보는 이들이 궁금한 마음 감출 길이 없었답니다. 손으로 휘저어 보기도 하고 병아리를 꾸욱 눌러 건드려 찌그려 놓고 솜을 조물조물 만지며 환한 웃음을 보여 주기도 했지요. 속 좁은 엘리아는 울상이 되고 말지만 그러거나 말거나 아랑곳하지 않는 친구들을 보며 이내 풀어진답니다. 그들의 순수의 세계는 아무도 침범을 못 합니다. 사랑과 희망만이 들어갈 수 있습니다.

[성가 요양원] 유채, 백합, 장미, 캥거루포, 금어초, 국화

부천에 원미동 자락에 위치하고 있는 성가소비녀회에서 운영하는 성가요양원 성당입니다. 우연히 작업실에 들른 적이 있는 수녀님과의 인연으로 몇 해 동안 봉사를 했던 곳입니다. 수녀님들의 사랑으로 정성을 다해 모시고 계신 어르신들의 표정이 꽃보다 예쁘신 곳으로 기억에 남습니다. 엘리아의 대모님도 이곳에 머무르시다 주님의 품으로 가셨지요. 삶의 여정에서 마무리를 하시는 분들이 모여 계신 이곳에 봉사를 한다는 것이 갈 때마다 오히려 나를 돌아보고 나의 삶의 여정도 겸손한 마음을 갖는 계기가 되었던 곳이었지요. 지금쯤 예쁜 개나리가 흐드러지게 피어 있을 요양원길... 오랜만에 해맑은 어르신들의 표정을 닮은 노오란 프리지어 한 아름 안고 꼭 한번 들러 봐야겠습니다.

[교구 전례꽃꽂이회 데몬스트레이션 작]
석고 스티로폼 조형물, 솜, 달걀껍질, 병아리, 조팝, 펠레놉시스, 나리, 장미, 스토크

원 스티로폼 조형물에 솜을 글루건을 이용해 공간을 주면서 부치고 달걀껍질과 병아리 순으로 부친다. 석고 계란도 오브제 위에 올려 놓아 본다. 포트 펠레놉시스를 분재와이어나 디자인와이어로 오브제에 단단히 고정시키고, 조형물 오브제에 하나된 것처럼 연결을 해 주면서 준비한 꽃으로 장식한다.

부활이면 제일 많이 쓰는 재료가 계란껍질인가 보다. 이번 데몬 작품을 준비하면서도 주님께서는 엘리아를 거의 한달 여 동안 단백질 섭취를 하게 하셨다. 후훗 !!... 건강도 세심히 보살펴 주시는 주님이 엘리아는 참 좋다. 커~~억~~ 아흐..~ 닭 응가 냄새..^^

[교구 전례꽃꽂이회 전시작]
등라인 볼, 달걀껍질, 아트 병아리, 펠레놉시스, 오리목, 이끼

[교구 전례꽃꽂이회 전시작]
느티나무, 쥬트, 스파트필름, 아트꿀벌, 스티로폼 구조물

[노틀담 수녀회 성당] 조팝나무, 금어초, 프리지아, 칼라, 아트나비

수녀님들을 만날 때마다 느끼는 점... 조그만 물건이라도 하나하나 소중하게 여긴다는 것이다. 이날도 함께하시며 쓰임을 위해 모아둔 갖가지 쥬스병을 이용해 이것은 그곳에, 조것은 여기에, 각각 놓을 곳을 말씀하시며 하하호호 넉넉한 마음으로 준비를 하시는 모습이 얼마나 평화가 가득하고 순수하고 아름다운 마음이 보이는지 옆에서 보는 나는 그저 속으로 살포시 기쁨의 미소가 피어오른다. 풍족한 재료를 흔하게 쓰고 버리기가 습관처럼 되어 있는 지금의 나의 모습에서 수녀님을 통한 반성으로 이어지는 하루였음을...

내 마음 속의 이야기

- 대전교구 가는 길

하루 일을 마치고 졸음이 쏟아지는 두 눈을 부릅 뜨고
가로등 불빛에 비친 한강을 힐끔힐끔 바라보며
눈꺼풀과 전쟁을 하고 집으로 가는 중에 졸음이란 녀석이 항복의 백기를 들고 나의 폰의 컬러링을 통한 승리로 막을 내리는 순간이다.

So when you're near me darling can't you hear me,
SOS The love you gave me nothing else can save me, SOS
변함없이 구조 요청에 충실한 아바의 sos의 외침이 나의 귀를 때린다.

"여보세요."
"엘리아 회장님!.. 대전교구 헬레납니다."
"아~ 회장님 안녕하세요?"

이렇게 감사 할 수가… 지금 귀가 중에 졸려서 실신지경이었는데 잠을 확 깨워주는 낭랑한 목소리…

"근데 이 시간에 어쩐 일이세요. 회장님?"
"혹시 3월 26일 월요일 시간 좀 되세요?"
3월 26일…26일… "예!.~~~. 되는 데 유"
"그럼 그 날 부활 꽃꽂이 데몬 좀 부탁 할게요."
"알겠습니다."

대전교구로 송전동 성당으로 Go Go~

전례꽃꽂이는 전례시기에 맞추어 하기 때문에 여러 곳을 같은 제목으로 장식을 할 경우 머릿속이 하얘 질 때가 있다. 디자인이 겹친다거나 재료들이 중복이 되기도 하고.. 올 해도 주님의 부활장식으로 동분서주해야 한다. 갑자기 마음이 조급해진다. 무엇으로 해야 할까? 디자인은 어떻게 할까? 늘 쓰거나 했던 디자인은 식상하고...

흠 흠...????
아~...흠 흠...????
아흐~...흠 흠 흠....????

자료를 찾다 보면 비슷비슷한 디자인들이 많다. 물론 나 역시 여러가지 자료를 통해 디자인을 구상하고 연출하지만 이리 여러 곳이 겹칠 때는 영 머리가 엉켜서 어디서부터 시작을 해야 할지 막막하다.

떠오르는 자료를 먼저 정리해 보자.
말씀으로 표현 할 수 있는 복음 묵상을 시작으로 전례시기 색은 흰색이며 즉 흰색은 사순시기 동안 참회하고 기도하고 그리스도 안에서 새로운 생명으로 다시 태어나고 은총과 부활의 기쁨과 환희의 공적 고백의 표현으로 새하얀 흰 색을 가진 소재들로 준비해 본다.

부활절은 계절상 봄이므로 싹을 막 틔운 구근식물이나 마치 나비가 나풀나풀 춤추는듯한 하얀 색을 가진 펠레놉시스, 또는 봉우리가 톡 터 질것 같은 프리지어 등등... 색들도 진하지 않고 연하기 때문에 부활 표현의 적합한 재료들이 많이 있다.

풍선을 원하는 크기로 불어 만든 다음 석고를 물에 개어 바른 후 굳으면 풍선을 터트리면 석고 달걀이 완성 된다. 알에서 깨고 나오는 병아리들의 모습이나 나비, 꿀벌 등을 상징적으로 표현하거나 자연 달걀껍질을 이용하기도 한다. 특히 말씀에서 계란은 봄이나 풍요의 상징이었다. 계란은 죽은 것같이 보이지만 그 안에는 새로운 생명이 계속되고 있으며, 마치 겨울 뒤에 오는 봄과 같다. 중세에서는 사순시기 동안 달걀을 먹는 것을 금지하였기 때문에 신자들은 부활이 되면 달걀을 주고받는 풍습이 생겼다. 풍요 또는 다산의 상징인 달걀이 지금은 우리 주님께서 새 생명으로 영광스러이 나타나신 돌무덤의 상징이 되었다.

내 마음 속의 이야기

- 돌렌띠노 수도원 가는 길

겨울을 막 끝낸 마른가지에 태양빛이 눈부시게 쏟아지고, 봄의 숨은 향기는 파릇파릇 돋을 준비를 마친 꽃눈을 통해 나의 콧등을 살포시 건드리며 전해주는 자연의 이야기를 들으며 수도원에 도착했다.

2년 전 월간지에 전례 꽃 에세이 기고를 하면서 돌렌띠노 수도원은 두 번째다. 그 때는 여름이어서 주위의 푸르른 풍경이 참 좋았었는데 아직 이른 봄이라 그런지 수도원의 바람은 쌀쌀하기만 하다.

오랜만에 뵙는 신부님과 반갑게 인사를 건네고 제대로 들어섰는데 아뿔싸..!!! 아우구스띠노 수도원의 제대는 한국 전통식으로 꾸며져 있다는 것을 생각지 못한 부족한 엘리아... 작품 구상을 부활시기에 맞추고 늘 쓰는 화재를 어떻게 변화를 줄까하며 디자인은 모던하게 거기까지... 허걱....흠..흠... 마치 시험을 봐야 하는 수험생처럼 초조한 마음을 안정시키며 장식을 할 수 밖에 도리가 없었다. 신부님은 연신 미소를 지으시며 좋아하셨지만 나는 죄송한 마음을 감출 수 가 없었다. 요즘 바쁘다는 핑계로 교만한 마음이 살짝 고개를 들고 있음을 느끼며 묵상을 하지 않고 준비했음을 들킨 나에게 하느님은 고요하게 일러 주신다.

"걱정하지 마라 나의 사랑은 식지 않는다. 마음 놓고 하거라. 너의 실수가 곧 나의 사랑의 깨달음으로 전해 주리라" "예 ????" 그럼 계속 묵상을 안 하고 제대꽃 장식을...뭣이라고...엘리아아아얏...하하하...†

[돌렌띠노 수도원]
마디초(속새), 카라, 알륨, 아네모네, 튜우립, 라넌큘러스, 잎석죽, 아이비, 아트나비

전통적으로 꾸며진 제대에 현대적 꽃 장식을 한다는 것은 어려움이 따른다. 디자인을 제대와 동일하게 표현해 본다. 전체적 비율이 약간 큰 느낌이지만 다행이 컬러가 주는 산뜻함이 부활를 알린다. 봄이면 아른아른 피어오르는 아지랑이처럼 부드럽고 하늘하늘 얇은 꽃잎을 가진 화재들과 우아함 속에서 은은히 풍기는 꽃향기가 나풀거리는 나비를 부른다. 제대 꽃을 장식 할 때 부활시기의 전례색인 백색으로만 하다 보면 지루하게 느껴질 수도 있다. 가끔은 말씀과 계절에 따르는 상징적인 것으로 표현함으로서 부활의 의미를 느껴보는 것도 좋을 듯 하다.

주님 승천 대축일

[일신동 성당] 뽕나무, 백합, 목수국, 장미, 메리골드, 등라인, 탑사철

승천 작품을 표현 할때 많이 쓰는 소재는 위로 향하는 수직적이면서
라인이 형성 되어 있는것이 좋다.
이 작품은 뽕나무와 등나무 넝쿨을 사용한 것인데
등나무 라인은 오르는 느낌을 표현하는데 적합한 소재중 하나다.
5월이면 꽃들도 다양해서
목수국, 메리골드 같은 덩어리 꽃이 주는 아름다움을 충분히 만끽하며
제대 꽃 장식을 해 보는 계절이기도 하다.

성령 강림 대축일

[원당동 성당] 프로테아, 방크샤, 석죽, 마디초, 레이스 플라워, 작약, 맨드라미, 뽕나무, 투베로사

성령을 나타낼 때 오래전부터 비둘기를 많이 써 왔다. 가끔은 색으로 쓰기도 하고 불꽃 모양으로 뾰족한 형태를 가진 맨드라미도 쓴다. 또는 빨간 깃털을 이용하기도 한다.

이번 작품에서는 붉은 뽕나무와 마디초로 대칭을 이루며 썼다. 뽕나무도 자연색에서 붉은색 물을 들였는데 마디초에도 스프레이 붉은 페인트를 뿌려서 사용했더니 느낌이 매우 좋았다.

꽃장식을 하다 보면 재료중 말려 두었다 활용할 때도 있는데 그 중 마디초도 활용도가 매우 높다. 마디초 속에 철사(#22)를 넣고 라인을 만들어 건조시킨 다음 용도에 따라 활용하면 좋다.

내 마음속의 이야기

- 경향잡지 삶의 자리

"여보세요"
"네"
"경향잡지 김.. 기잡니다."
"경향잡지에서 무슨 일로 전화를…"

나는 경향잡지가 있는 줄도 몰랐다.
후에 알았지만 1백년도 넘었다는 가톨릭 신앙 잡지라 했다.
이렇게 세상물정 모르는 엘리아 아짐씨다.
여튼 잡지에 글 한편 내 주십사하는 전화였다.
너무나 뜻밖의 제의를 받고 기쁜 마음으로 기고했던 기억이 있다.
삶의 자리라는 꼭지였는데 내가 전례꽃꽂이를 하면서 경험했던 한 부분을 냈었다.

미흡한 글 이었지만 나에게는 귀한 삶의 시간이었다.

성당에서 꽃 봉사자를 구한다고 한 달여 공지를 해도 나타나지 않는다는 걱정의 말씀을 신부님으로부터 듣고 온 조카의 말에 한달음에 달려갔었다.
나는 그 당시 냉담 중이었는데 좋은 기회가 온 것 같았다. 슬며시 남편의 동행도 그리면서 열심히 봉사를 했다.

제대 꽃을 장식할 때는 기쁜 마음이 충만했다.
전례는 다 무시하고 내가 좋은 소재 내가 좋아하는 꽃으로 장식을 해 놓고는 마냥 좋아한 엘리아.
미사시간에 형제자매님들이 수군수군 마음고생들 많이 했다는 후문…

전례시기에 맞추어 색이 있다는 것을 까맣게 모르는 나는 무지개가 따로 없이 색감 좋게 장식을 하고는 만나는 사람마다 고개를 빳빳이 들고는 저 성당 꽃꽂이 하는 사람입니다 잘났죠??..하는 표정을 지으면서 교만의 극치를 보여주고 다녔었다.

급기야 어느 날 제대로 터진 큰 사건 하나...
부활 대축일에 빨간 장미로 풍성하게 장식을 했다.
부활대축일의 전례색은 백색이 아니던가.
아..~ 지금 생각해도 심장이 멈출 것 같다. 그 사건 이후 성당에서 나를 알리는 데 톡톡히 한 장미 사건은 이 시간 내가 제대로 전례꽃꽂이 공부를 하는 계기가 되었다.

교구 전례꽃꽂이회에 매주 한 번씩 가서 공부하기를 8년 만에 교구 전례꽃꽂이회 회장도 역임하고 은총의 단비를 얼마나 많이 맞았는지 엘리아 머리카락이 얼마 남지 않은 것은 순전히 주님 탓이다. 주님이 정신이 없으셔서 산성비로 내려 주셨나... 하하하..

우리 집에도 변화가 많이 있었다. 아이들은 물론이고 많은 노력에도 불구하고 고집을 부리던 남편도 다 세례를 받고 성 가정이 되었다.

이쯤에서 울 신랑이 성당을 나가게 된 이야기를...

주일이면 늘 왕(?)으로 군림을 하고 있었는데, 내가 아이들을 데리고 성당에 가면서부터 쌓여있는 설거지와 집안 청소는 남편 몫이 되는 것이었다. 또한 혼자 TV하고 씨름을 한다거나 뭐 그리 시간을 보내다 보니 심심했던 아님 외톨이가 되는 것이 속상해 성당을 슬그머니 다니기 시작 하는 것이다.
고집이 센 사람들은 그냥 놔두면 주님한테 딱 찍히는 것이다. 주님께서는 그렇게 조용하고도 소리 없이 울 신랑을 신앙의 세계로 이끌어 주셨다.

연중시기

[일신동 성당] 스티로폼 조형물, 엽난, 펠레놉시스, 그라마토

식물의 분 자체를 분리하지 않고 장식에 쓰는 것도 식물을 건강하고 싱싱하게 보는 방법이 된다.

착생 식물들은 뿌리에 수분 주머니를 달고 있는것이 보통인데 분과 함께 쓰면 물의 증발을 억제하므로 실내 장식으로 아주 적합하다.

윗 작품에서와 같이 동양난을 이용하는 것도 시원함을 느끼게 해 여름장식 뿐만 아니라 연중시기 작품으로 손색이 없을 듯 싶다.

[일신동 성당] 뽕나무, 다래넝쿨, 구즈마니아, 펠레놉시스

펠레놉시스는 뽕나무와 제법 잘 어울린다.
강한 빛을 싫어하는 난초 종류로 실내장식에 단골 식물로 쓴다.

펠레놉시스는 다양한 색상이 있어 쓰고자 하는 곳에 따라 다양하게 선택 할 수 있다.

구즈마니아도 여름장식의 대표적 식물이다. 특히 화포의 색이 꽃처럼 예뻐 보여 어느 종류의 배합에도 무난하다.

다육식물들, 수태(백 이끼), 구조물

한 여름 더위가 한창일 때는 제대 꽃을 쉴 때가 있다.
그냥 비워두기는 섭섭하고 해서 구조물을 이용해 다육 식물로 장식을 해 본다.

다육식물들은 습도를 싫어하므로 실내에서 그닥 마음을 쓰지 않아도 한두 달은 예쁘게 볼 수가 있다.

구조물에 이끼를 입히는 작업은 본드보다는 낚시줄이나 우드색이 나는 지철사로 하면 손 쉽게 할 수 있다.

[고양 국제꽃박람회 전시작]
포도나무, 다래넝쿨, 카네이션, 알로카시아, 콩짜개난, 이끼

이 작품은 고양꽃박람회에 전시했던 작품인데 연중시기에 활용하면 좋을 것 같다. 포도나무로 만든 오브제며 다래넝쿨에서 나온 연두색의 새싹과 동일색의 꽃(카네이션 볼)을 써서 연중시기와 아주 잘 맞아 떨어진다. 알로카시아의 피침 모양과 독특한 잎맥이 시선을 끌고 죽은 나무에서 착생하며 사는 앙증맞고 귀엽게 생긴 콩짜개난으로 한여름 장식에 시원함을 주어 게으름이 스물스물 머리를 드는 연중시기 여름장식으로 힘을 내 보자.

연중시기

부들잎, 미국자리공, 산수국, 카라, 글로리오사, 알륨

주님 봉헌 축일

[한국전례꽃지도자연합회 데몬스트레이션 작품]
양초, 대나무, 용수염, 아스파라거스, 금어초, 덴드로비움, 잎새란, 국화

대나무가 자연 상태로 나오다가 이렇게 스티로폼 알맹이로 예쁘게 옷을 입고 나왔다. 눈을 뿌린 듯 하얀 것이 봉헌축일의 장식에 써보니 느낌이 좋다.

대나무는 딱딱하고 강한 소재로 곡선이 있는 소재와 함께 사용하면 강, 약으로 오는 직선과 곡선의 아름다움을 한층 더 느낄 수 있다.

잎새란은 색감도 이중 색으로 나 좋지만 또한 어떤 소재와의 배합도 잘 어우러진다. 찢기도 하고 말기도 하고 오려서 붙이기해 모양을 다양하게 연출할 수 있다. 잎은 섬유질자체가 아주 질겨서 가늘게 갈라 묶음 끈으로 사용해도 손색이 없다.

지도자모임에 가서 작품 발표를 하다 보면 나도 모르게 주눅이 드는게 사실이다. 꽃계에서 내노라 하는 회장님들이 즐비하게 계시기 때문이다. 그분들 앞에서 콩이야 팥이야 한다는 것은 여간 부담이 되는게 아니다. 저 진지하고 집중하시는 모습을 보라... 어찌 떨지 않을 수가 있겠나. 가슴 떨리며 참새처럼 종알종알 거리고 있는 엘리아의 마음을 그분은 아실런지..^^

우연히 아니 주님의 뜻이신가 언제부터인가 나의 수업은 자연스레 성전장식반을 하고 있다. 수업을 하는 학생들 중에는 불교, 개신교, 천주교 또는 무교인 학생들이 있는데 그 중 제일 비중을 크게 차지하는 학생 수가 개신교다. 그들을 보면 참 느끼는 게 많은 것 중 하나가 십일조와 성경말씀, 기도 방식이다. 늘 수입의 십분의 일을 떼어 놓고 말씀과 함께 살며 입 밖으로 소리 내어 하는 기도와 함께 하느님에 대한 확신에 차 있는 모습은 그들에게 배워야하는 나의 숙제이기도 하다. 내 입이 먼저고 성경말씀보다는 내 말을 먼저 앞세우며 누가 들을까 무서워 머릿속으로만 하는 나의 기도가 그분의 뜻은 아닐텐데... 가끔은 안일한 내 모습에서 과연 신앙인이 맞나 의심이 갈 때도 있다. 기도와 말씀으로 살아가는 이들을 볼 때 마다 아..~ 이렇게 살아도 되는 건가하고 회개를 하지만 안 되는데 어찌 할까요 정말.
뭐... 꽃으로 열심히 기도 할 수 밖에요. 주님.

삼위일체 대축일

[원당동 성당] 용수초, 으름덩쿨, 안투리움, 장미, 알륨

성부, 성자, 성령이 하나이신 삼위일체의 작품표현은
3이라는 수의 개념을 잘 나타낸다.
삼위를 나타내기 위해 세 기둥을 묶어서 하나라는 느낌을 주기도 한다.
이번 작품에서는
용수초의 세 기둥, 안수리움 각각의 세대와 알륨 세대로 삼위를 표현해 보았다.
이렇듯 무엇인가 두각을 나타내기 위해서는
이끄는 꽃으로 쓰는 것이 좋다.
너무 잔 꽃으로 쓰면 목적이 잘 나타나지 않기 때문이다.

그리스도의 성체성혈 대축일

[월간지 게재작] 스티로폼, 석고, 조팝나무, 안수리움, 보리

성체를 표현 할 때 늘 둥그렇거나 성체를 쪼갠 모양을 했는데 이번 작품에서는 조형적으로 표현해 보았다. 성체 즉 빵의 재료인 보리와 성혈을 표현한 안수리움을 조형물과 함께 써 보니 근사한 작품이 탄생했다. 마치 팝콘 같은 꽃을 방울방울 달린 조팝의 선을 배합하니까 딱딱해 보이던 조형물이 한결 부드러움을 주었다.

조형물 작업을 할 때 나는 스치로폼을 자주 이용한다. 스티로폼은 목적에 따라 모양 만들기가 편리할 뿐만 아니라 가벼워서 고정하기도 좋다. 스티로로폼을 조형 후 석고를 물에 개어 바른다. 석고를 바를 때는 맨 손으로 하는 것이 자유로우며 문양을 내기도 좋다.

그리스도의 성체성혈 대축일

[한국전례꽃지도자연합회] 전시작
석고 조형물, 라넌큘러스, 헬리코니아

[전시회장에서..~]

한국 성직자들의 수호자
성 김대건 안드레아 사제 순교자 대축일

[천주 성삼 수도회] 알륨, 안수리움, 장미, 무늬 둥굴레, 하이베르쿰

몇 해 전 친구를 따라 미리내에 있는 천주성삼 수도회를 알게 되었고, 행사가 있을 때면 종종 제대 꽃 장식을 하러 가는 일이 있었다. 그 곳에는 친구의 아들이 성소를 키워나가고 있었는데, 신학생 된 지금은 어엿한 청년이 되어 주님의 길을 따르려 성숙해 지고 있다.

수도회에 도착했을 때, 나뭇잎들을 흔들며 불어 주는 바람이 흐르는 땀을 식혀 줄 즈음 수사님들의 기도 시간 12시를 가르키고 있었다. 마치 군대의 사열을 연상케 하며 일렬로 서서 가시는 모습에 신앙이 무엇인지 아직도 헤매고 있는 엘리아는 입가에 미소가 피식 흐른다. 조용 할 것만 같은 수사님들은 무척 맑고 청명한 여름하늘처럼 밝아 보였다. 말씀들을 어찌나 잘 하시던지 내가 생각하고 있던 무겁고 보수적인 그런 분위기가 아니었다.

장식을 마치고 점심을 그야말로 유기농 야채 쌈에 입이 메어져라 얼마나 맛있게 먹었던지...^^ 순수 유기농 채소 잎에는 애 벌레가 살고 있어 모기장이 따로 필요 없을듯...^^ 식사 후 수사님들의 직접 설거지를 하시는 모습에서 겸손의 미덕을 보았던 님과 함께 한 동행은 오늘도 행복으로 마무리 된다.

성모 승천 대축일

[신도 성당] 삼지닥나무, 펠레놉시스, 꿩의비름, 애기용담초, 투베로사, 니겔라, 스킨답서스(골든포토스)

성모승천 대축일의 전례시기 색은 백색이고 연중시기의 색은 녹색인데 두 색은 어느 소재와도 배합이 무난하지만 자칫 컬러가 단순해 질 수 있으므로 연한 파스텔 톤의 여러 가지 색을 권장한다. 진한 컬러는 여름엔 무겁고 칙칙함을 주어 더워 보일 수가 있으므로 시원한 장식을 원한다면 컬러 선택만으로도 청량감을 줄 수 있다.

도시에서야 꽃 시장에 가면 갖가지 종류의 절화들이 철따라 구분도 없이 쌓여 있으니 그저 사고 싶은 것 손만 내밀면 구입해 와서는 하고 싶은 대로 편안히 장식을 하지 않는가... 섬에서는 하고 싶어도 쓰고 싶어도 구하기가 어려움이 많이 따를 것이다. 그래서 이런 섬에 나갈 때는 특별한 소재를 준비해 가곤 한다.

펠레놉시스는 습도만 조심하면 실내에서는 꽤 오래가는 식물로 여름철 장식에 단골 재료 중 하나다. 깨끗한 흰색은 성모님을 표현할 때 적합하다.
꿩의 비름(불로초)은 내가 좋아하는 소재이기도 한데 역시 오늘도 빼놓지 않고 준비 했다. 잎이 두꺼워 빨리 시들지 않고 그린을 보다가 시간이 지나면 분홍색 작은 꽃들이 올망졸망 많이 핀다. 한 달 내 내 속받침으로 쓰기에 충분하다.
연한 보라색이 예쁜 애기용담초의 꽃 모양이 마치 별처럼 반짝거릴 것만 같다. 불로초와 삼지닥 나무와 배합이 잘 된 듯하다.

옹진군에 위치한 섬 신도성당인데 작년 이맘때 가고는 올해는 처음으로 가 본다. 갈 때마다 느끼지만 야생화를 이용한 꽃 장식이 제대를 아름답게 꾸며져 있는 것을 본다. 그렇게 신선하고 풋풋한 디자인이 싱그럽고, 자연을 옮겨 놓은 듯 아름다움에 눈길이 시원하다. 한참을 앉아 바라보고 있으면 마음마저 하나가되어 나도 모르게 야생화의 매력에 푹 빠지게 된다.

마침 미사 시간이 되어 준비 안 된 마음으로 미사 참례를 했다. 식구는 단출 했다. 신부님과 여덟 분의 신자, 그리고 나 이렇게 총 아홉 명이 미사를 드렸다. 신부님의 말씀으로는 오늘은 참석자가 많은 거라고 하신다. 성가도 입당, 봉헌, 마침 성가를 신부님이 선창을 하시면 우리는 따라 부르고... 참 정겨운 모습들이 그야말로 한 가족 같은 느낌이었는데 신부님의 강론 말씀에 마음 한켠이 편치 않음을...

성당 뒤쪽 산기슭에 수영장을 만들고 있는데 일을 하려면 사람이 필요하지만 농사철이고 하니 신자분들이 다 바빠 시간내기가 어려워 봉사할 분들이 없어 어렵다는 애로사항을 토로 하시면서 예수님을 의심 없이 따르는 제자들 비유를 들으셨다. 당신이 소양이 부족한가 왜 나를 따르는 제자는 이리 어려운가 하시면서…

엘리아 생각으로는 공기 좋고 조용하고 인심도 좋은 곳이니 사목하시기에 마냥 좋을 것만 같았는데 나름 또한 고충이 있으시구나 하는 생각이 들면서 마음속 깊이 다짐한다 본당에서 봉사자가 필요 할 때 냉큼 달려가야지… 정말? ^^

오늘도 갈매기 친구삼아 시원한 바닷바람과 싱그러운 자연 속에서 님과의 행복한 동행이었다.

성모 승천 대축일

[돌렌떠노 수도회] 등라인, 백합, 펠레놉시스, 장미

성모님께서 지상에서 생활을 마친 후,
영혼과 육신이 하늘로 불려 올라간 것을 기념하는 날인 성모 승천 대축일!!
평화의 상징 성모님의 색 푸른색 화기를 이용해 한국 전통 장식으로 꾸며 보았다.
구름을 떠 있는 하늘을 그리며 등라인을 이용하여 성모님이 하늘로 오르시는 모습을 형상화 하고 펠레놉시스의 맑고 하얀 꽃잎은 성모님의 아름다운 미소를 표현하고 깨끗하고 순결한 백합과 함께 작품을 완성 해 본다.

차창 안으로 살랑살랑 불어 주는 바람에 날리는 머리카락이 얼굴을 간지럽히고 달리는 차 안에서 힐끔힐끔 바라보는 하늘엔 이따금씩 날아가는 새들이 반겨 주는 수도원 가는 길은 언제나 콧 노래가 나온다. 도심 속에서 매일 같은 생활에 기계처럼 살다가 가끔은 이렇게 마음의 자유로움도 누리고 봉사도 하여 기쁨도 채우는 길은 삶의 영양소가 된다. 부활 대축일 때 급히 꽃 장식을 해 놓은 후 몇 달 만에 찾는 수도원... 봉사를 한다는 것은 세상적으로 나를 희생해야만 가능한 것이지만 주님은 내가 드린 것 보다 더 많이 넘치게 주신다는 것을 늘 감사하며, 주님과 행복한 동행은 쭈~~~욱 진행형이다.

내 마음 속의 이야기

– 나만의 생각

수도자 분들이 멋지거나 예쁘게 생기셨으면 일반적으로 흔히 하는 말...
왜 수도자가 되셨을까?.. 왜 수녀님이 되셨을까? 의문을 갖게 된다. 물론 엘리아도 예외는 아니었다.

아우구스띠노 수도원에 갔을 때 이 살레시오 수사님을 처음 만났을 때만 해도 영락없이 그 의문증은 내 머릿속을 흔들었다. 훤칠한 키(지금 보면 그닥 큰 키는 아님), 준수한 외모, 수도복을 입은 그 모습에 엘리아는 푹 빠졌었다. 그리고 봉사를 얼마나 열과 성의를 다 해서 했던지... 말도 잘 듣는 엘리아가 되었던... 후후

강화 수도원 식구들은 1년에 한 번씩 본원에서 하는 행사에 모두 참석하는 날이 있다. 그러면 수도원은 아무도 없고 텅 비어 있다. 나는 낮에 수업을 마치고 아무도 없는 수도원으로 달린다. 동네하고는 좀 떨어진 곳에 위치한 수도원은 사방이 어둠이 드리워져 캄캄해 여간 담이 커서는 혼자 들어서기가 어려울 것인데 그 용기는 순전히 살레시오 수사님의 힘으로 가능한 것이었다.

꽃 장식을 할 때면 정말 무서워서 등발이 서늘하다. 주님이 계시지만 믿음이 조약돌인 엘리아 부들부들 떨면서 장식을 마치고 수사님에게 메세지를 띄운다.
"수사님..~ 장식 다 했어요."
그 정열도 이제는 퇴색해져버린 지금 뒤 돌아 보면 지나온 삶의 아름다웠던 추억의 한 때였구나 하고 미소를 띄게 한다.

성모 승천 대축일

[원당동 성당] 삼지닥나무, 카라, 수국, 스마일락스, 엔젤헤어

성모승천 대축일 표현을 할 때 오르는 느낌을 주기 위해 곡선이 있는 재료를 많이 쓴다. 휘기 쉬운 소재들이나 또는 와이어를 이용한 구조적 테크닉을 이용해 다양한 방법으로 표현하기도 한다.

이번 작품에서는 닥나무로 구조물을 만들어 본다. 선이 있는 닥나무 가지를 중앙에 넣고 선을 따라 아스파라의 줄기를 감아 밋밋함을 없애고 카라로 성모님의 오르시는 모습을 표현해 보았다.

더위가 한창인 여름 중앙에 있는 성모승천 대축일은 보통 제대 꽃 장식을 쉬다가 하기 때문에 간단하면서도 시원한 표현으로 하는 것이 좋을 듯....

성모 승천 대축일

[일신동 성당] 석고 조형물, 카라, 펠레놉시스, 만수국, 장미, 꿩의비름, 백묘국, 엽난

이 작품은 월간지에 세례성사로 기재했던 작품인데
이번 에세이집에 실으면서 성모승천 대축일로 제목을 바꿨다.
조형물이 초승달처럼 생기다 보니 성모님을 향한 마음이 강하게 꿈틀대는..

이렇게 작품을 목적에 맞게 의도 했다가도
전례에 덜 맞는 일들이 종종 발생하기도 한다.
말씀을 담아내는 꽃 작업이 그리 만만치는 않기 때문일 것이다.
그럴 때마다 미사 시간 내내 마음이 편칠 않아 분심만 가득..^^

그리스도왕 대축일

그리스도왕 대축일

[원당동 성당] 말채나무, 이나무 열매, 백합, 드라세나 와네키, 심비디움, 장미, 이끼

장식을 하다 보면 모방 할 때가 종종 있다. 자료를 찾다가 마땅한 꺼리가 나오면 바로 사진을 찍어 놓고, 전시회를 관람하다가도 마음에 닿는 작품은 바로 사진에 담아 온다. 처음 꽃을 공부할 때는 모방을 할 때 아무도 모르게 살짝꿍 하고는 시치미를 뚝 떼곤 했다. 그러나 시간이 흐르면 모든 건 밝혀지기 마련이다. 내가 시치미 떼고 있다고 보는 이가 모를 리 없고, 또한 그만큼 실력도 향상되는 것을 느낀다. 모방을 나쁘다 그르다 하기 어려운 것은 그 모방을 나만의 작품으로 재해석해 탄생시키는 일도 흥미 있는 일이 아닐까?..

우측에 있는 이미지는 서울교구 밀꽃 전시회에 출품되어 있던 작품이다. 이 작품을 모방한 작품이 좌측에 있는 이미지인데 두 작품을 비교했을 때 관람자의 시각으로는 어떠할까..
똑같다?.. 다르다 라고 할까?..

제대 꽃 장식은 전례시기가 반복 되는 중에 말씀을 담아내야 하므로 아이디어 짜 내기에 온 힘을 기울인다. 매일미사를 평소에 그렇게 많이 읽는다면 아마 통달을 해도 몇 번을 했을 터인데 아직도 무엇이 어떻게 어디에 기록되어 있는지 모르는 것은 제대 꽃 장식에 필요한 부분만 읽고 묵상을 했기 때문일 것이다. 모방을 하던, 순수 내 창작이던, 주님의 말씀을 보는 이로 하여금 느낄 수 있게 표현을 하는 길은 멀기만 한 길인 것 같다. 그저 주님께 투정을 부리며 하는 수 밖에...^^

내 마음 속의 이야기

- 미카엘 수사님과의 추억

성당을 다니면서 봉사라고는 제대 꽃 봉사만 주구장창(늘, 계속) 했는데
어느날 일신동 성당에서 만난 군인 아저씨들..
알고 보니 근처 군부대 성당에서 우리 성당으로 주보를 가지러 온...
그것이 인연이 되어 군종성당 전례꽃 봉사를 하게 되었다.
처음 가보는 군종성당은 호기심 작렬!!
성당 문을 들어서니 아~~ 이 향기(?)는 주님의 향기도 아닌
꽃 향기도 아닌 남자들의 향기!!??
강한 싸나이들의 냄새가 코끝을 찌른다.

봉사를 하면서도 신부님, 수도자 분들을 기억한다거나 특별히 가깝게 지내는
일을 즐겨하지 않는 나의 성격 탓에 재미있는 에피소드가 한가지가 있었다.

군종성당에서 약 7여년을 봉사를 했음에도 불구하고 뭐 특별한 기억 될 만
한 일이 없었는데, 수도회에서 왔다는 한 병사 신학생만이 기억에 남았다.
그 신학생 병사를 만난 건 겨울이었는데, 구멍 난 하얀 반팔 T셔츠(거의 누
런색임)에 맨발로 샌달을 신고 있었다. 꽃장식을 하고 있노라면 그 차림을
하고는 바들바들 떨면서(내 눈에는 그렇게 보였음) 접시에 과일 반쪽을 줄
맞춰 썰어 나름 예쁘게 담아 따뜻한 차한잔과 함께 갖고 나온다.
과일 담은 접시의 사이에서 발견되는 이물질들은 왜 내 눈엔 그리도 잘 보
이는지..
예의상 하나는 먹었어야 했는데...

성탄절 장식을 할 때였다. 성당건물을 미니어쳐를 했는데 솜씨가 얼마나 좋던지 감탄을 금치 못했던..

그런 기억을 뒤로하고 세월이 얼마나 많이 흘렀을까 평화신문에 사제 수품 사진을 보고 있던 중 문득, 뜬금없이 그 수도회에서 왔다는 병사신학생이 생각이 나는 것이다. 지금쯤 그 수사님도 서품을 받을 때가 되었을 텐데 하고 생각을 하니 생각은 꼬리를 물고... 아~~~ 그러나 내 기억 속에 남아 있는 근거는 수도회 수사님이라는 것 밖에 안 떠오르고...
앨범을 뒤적뒤적 수사님과 성탄장식을 하며 찍었던 사진을 찾아냈다. 그리고 신문에 난 사진과 비교를 해 보니 왠지 한 사람과 이미지가 비슷한...그런데 머리가 곱슬머리???... 의심(?)가는 그 수품자의 수도회로 검색을 해 보니 영 딴 인물인 것 같아 보였지만 확인해 보기로 했다.
전화에서 들려오는 생소한 목소리...

"저 혹시 여차저차 사단 군종성당에 군생활을 하던...
　...아니세요?"
"예, 맞습니다."
"저 그때 제대꽃... 중얼중얼... 구구절절..."
"아~~ 엘리아 자매님! 파~~~~하하하 기억이 납니다."

어머 신문에 사진의 주인공이 수사님이시라니 믿어지지가 않아요. 그때의 모습과 너무 달라서 말이죠. 머리가 곱슬머리였다니... 그리고 그때 그 인물이 훨 멋지셨어요 수사님..
우린 한참동안 기억을 더듬으며 하하 호호 이야기 속으로 빠졌다.

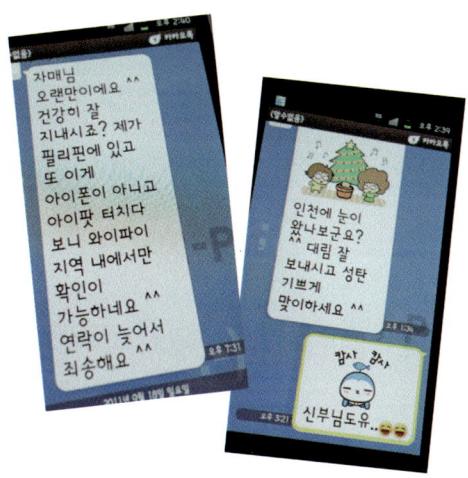

지금 돌이켜보면 군 병사시절 입고 있던 찢어진 누런 흰 T셔츠를 왜 나는 보고만 있었을까... 언제 만나게 되면 꼭 멋진 T셔츠를 선물해 드려야지.
지금은 필리핀에 계신다는 수사님!
주님 사랑 안에서 내내 건강하시기를 기도합니다.

성월

성모 성월

[노틀담 복지관] 석화버들, 아이리스, 장미, 극락조화, 스토크, 필로덴드론

성모성월은 동방교회에서 먼저 지내기 시작했습니다. 이집트 중심의 콥틱 전례는 11세기부터 예수의 탄생과 예수를 낳은 마리아를 찬미하기 위해 12월 10일부터 1월 8일까지를 성모성월로 지내고 5월이 성모성월로 구체화된 것은 17세기말부터이며 피렌체 부근 도미니꼬회 수련원에 1677년 성모 마리아를 공경하는 한 단체가 생겨 이 지역의 5월 1일 마리아 축제를 지내다가 1701년부터는 5월 한 달 동안 매일 축제를 열었습니다. 이 축제 때 이들은 '성모 호칭기도'를 노래로 바치고 마리아에게 장미 화관을 봉헌했으며 나폴리나 만토바 성당에서도 5월 달 동안 매일 저녁 성모에게 찬미가를 바치고 성모를 기리는 행사를 거행하였고 성모성월 신심행사는 그 뒤 프랑스와 스페인·벨기에·스위스·독일 등지로 퍼졌으며 1758년과 1785년 '성모성월' 책자들이 출판되면서 이를 정착시키는데 영향을 주었습니다. 특히 교황 비오9세가 1854년 12월 8일 '복되신 동정 마리아의 원죄 없으신 잉태' 교리를 반포한 후 마리아 공경은 절정에 달해 성모성월 행사가 장엄하고 공적으로 거행되었습니다.

긴 통 병을 이용해서 성모님 앞에 꽃을 장식해 본다.
성모님을 표현 할 때는 백합이나 장미, 또는 하얗고 부드러운 소재들로 장식을 많이 하지만 오늘은 소재를 과감히 이렇게 하고 싶었다.
석화버들에서 연두색의 새싹이 나고 있는 것이 마치 성모님이 나에게 새로운 마음을 주시는 것 같았다. 극락조는 디자이너들이 잘 쓰는 소재지만 일반적으로는 성전 장식으로 잘 쓰지 않는다. 꽃말이 영원불변인데 흔히 불교에서 쓰는 재료라고 인식이 나있기 때문이다. 그러나 색감이나 모양이 독특해 이끄는 꽃으로 손색이 없다. 잘못된 이야기로 전해지는 이유 때문에 마음 두는 일이 없으면 좋겠다. 한 마리 새가 어머니의 품에서 아기 예수님처럼 활짝 웃으며 앉아 있는 것 같지 않은가!!

성모 성월이요 제일 좋은 시절~ 사랑하올 어머니 찬미 하오리다~.. 따사로히 내리 쬐는 봄 볕 을 받으며 콧노래를 흥얼거린다. 5월이면 제일 많이 불러지는 성모의 성월 성가!!.. 오늘은 아담하게 잘 가꾸어진 노틀담 복지관 안 뜰에 계시는 성모님을 뵈니 음치인 엘리아도 저절로 노래가 나온다. 성모님 계시는 주위에서는 자목련이 예쁘게 봉우리를 터트리려 바람의 힘을 빌리고 대지의 용트림에 깜짝 놀란 따사로운 봄빛을 받은 비비추는 살포시 눈을 뜬다. 무수카리의 고운 자태는 나비와 꿀벌을 유혹하며 봄소식을 전한다. 이 아름다운 봄 5월!!.. 성모님에 대한 존경과 사랑을 통한 생생한 내 마음!!.., 꾸밈없는 진실한 신심!!.., 주님을 향한 여정에 성모님의 성덕을 본받아 살아갈 수 있도록 부족한 나는 오늘도 두손을 모은다.

성모의 밤

[교구 전례꽃꽂이회 데몬스트레이션 작]
폼보드, 스타치스, 유칼리톱스, 버들눈, 뽕나무, 다래넝쿨, 장미, 아게라덤, 옥시

마리아는 그의 구세사적 목표에 이르렀다.
마리아는 "주님의 약속의 말씀이 꼭 이루어지리라 믿으셨다"
그래서
"정녕 복되시다"(루가 1,45) 이
주님의 약속이 마리아께 성취 된 것이다.

예수 성심 성월

[원당동 성당] 말채, 카네이션, 조팝나무, 엔젤헤어, 네겔라, 맨드라미, 이끼

예수성심을 본받아 하느님의 참 자녀로 지낼 수 있도록 청하며 작품을 표현해 본다. 인격의 주체가 되는 마음은 성심을 따르고 그 성심은 빠알간 카네이션 구에 담는다. 불같은 예수님의 사랑은 무한대이며, 가시관의 고통은 사랑으로 변화한다. 고통의 표현 그 아픔의 표현으로 할 수 있는 나만의 방법 엔젤헤어를 써 보고, 예수님의 고통의 가시관이 무한한 사랑은 세상의 빛으로 나타난다. 우주보다도 넓고 큰 예수님의 성심은 평화가 가득하고, 늘 기쁨이 넘친다. 이 세상을 살아감에 있어 빛나는 지혜를 주시고 예수님을 닮은 성심은 부족함도 함께 할 수 있는 마음의 눈을 열어 주시고, 예수님을 따름에 한 점 부끄럼이 없어라.

내 마음 속의 이야기

님의 향기를 따라서

- 헌화회의 성지순례

인천교구 갑곶 성지에 있는 고상인데 하얀 성의를 입으시고 십자가를 산뜻하게도 지신 예수님이시다. 나는 이 십자가를 지신 예수님을 보고는 오히려 마음이 편안함으로 다가 온다. 십자가 하면 무거운, 아픔, 고통스러운, 뭐 이렇게 생각하지만 신앙이 깊지 않아서인가 가끔은 십자가가 나에게 위로가 되고 기쁨이 되고 그렇다. 야~~~호~~~ ^^

유유히 흐르는 강을 바라 보면서 십자가의 길을 해(걸어) 보라. 쓰러지고 채찍에 갈기갈기 찢기우신 예수님의 고통이 얼마나 값지고 사랑의 승리인지 느껴질 것이다. 그리고 기쁨으로 쏟아지는 은총을 한 가득 담아오기만 하면 된다. 유~~후~~ ^^

원당동 성당으로 이사를 온지 2년이 좀 넘었다. 지난번 살던 곳은 약 30여년을 살다가 옮긴 터라 정을 떼기가 여간 어렵지가 않다.
이곳으로 와서는 성당도 가기가 쑥스러워 가다 말다를 반복하고 고회성사보고 또 안 나가고...
안되겠다 싶어 헌화회 봉사자로 들어갔다.
다행이 헌화회 식구들이 따듯하게 대해 줘서 봉사하는 데는 큰 무리가 없었다.
지금도 여전히 내 기억 속에는 전에 살던 곳을 못 떨궈내고 있지만 이곳 원당동을 정 들이기에 열심히 노력중이다.

[원당동 성당 헌화회 식구들과 갑곶성지 순례 중 예수님과의 대화의 시간...^^]

유월의 하늘은 참 맑기도 하다. 예수님의 성심처럼 투명하다고 할까!?

하얀 도화지에 그림을 그리듯 예수님의 마음에 나만의 그림을 그려 넣어 본다. 고통도 그려 넣고, 기쁨도 그리고, 슬픔과 환희도 그린다. 병들고, 가난으로 허덕이는 오지의 그들도 그려 넣었다. 욕심과 이기적인 생각으로 일그러진 표정도 그려보고, 질투와 시기로 가득 찬 이들도 그렸다.

활활 타오르는 불같이 뜨거운 참 사랑으로 모든 이를 감싸 안아 주신다. 우리를 위해 가시관을 쓰시고 가슴에 상처를 내시면서도 무한한 사랑으로 우리를 만져 주신다. 사랑과 자비로 온 세상을 빛으로 환하게 비춰 주시고, 구원의 신비로 평화와 기쁨을 누리게 하신다.

참 좋으신 분 나의 예수님!!.
내가 지치고 쓰러지려 할 때 기운 번쩍 나게 해 주시는 나의 예수님!!
오늘도 엘리아는 예수님과의 동행 속에서 천국의 맛을 본다.

순교자 성월

[한국 일만 위 순교자 현양동산]
찔레, 피마자, 덴드로비움

한국 교회는 약 3만여명의 순교자가 있지만 우리가 이름 정도라도 알고 있는 순교자는 1천여명에 불과하다. 인천교구에서는 2002년 강화도의 바다의 별 청소년 수련원 위쪽 동산에 한국 일만위 현양동산을 조성하여 한국의 순교자들, 특히 무명 순교자들에게 봉헌 하였다. 2007년에는 우리를 위로 하시는 예수성심을 현양하여 위로의 주님상을 모셨고 한국 교회의 역사를 배우며 기도하는 순교자의 십자가 길을 봉헌 하였다.

아름다운 자연 속에서 먼저 가신 님들을 생각하며 꽃 한 송이를 바칩니다.
당신들의 숭고한 순교가 있었기에 지금의 우리가 있기 때문입니다.
신앙의 열매를 맺는다는 것이 얼마나 힘들고 어렵지만 행복한 길인지를 묵상해 봅니다.

자주 찾지는 않지만 마음의 평온을 원할 때... 어디론가 훌쩍 떠나고 싶을 때 가끔씩 찾아 오는 곳 강화의 일만위순교자현양동산에 가는 길은 가신 님들의 눈물일 것 같은 빗줄기가 세차게 내리고 있다. 흠... 엘리아가 비를 좋아하는 것을 주님은 훤히 알고 계시나보다. 잠깐동안 시원한 폭포수처럼 내려 주던 빗 줄기가 대지의 나무와 온갖 풀들을 깨끗이 씻겨 주고 산 자락의 멋들어지게 피어오르는 운무의 춤새와 먹구름 사이로 살짝기 비춰 주는 햇살에 은빛으로 살랑거리는 나뭇잎들은 마치 아기천사들의 날개짓을 떠올리게 한다.

낙엽송 길을 걸으며 조용히 기도 드려 본다. 주님의 수난과 일만위 순교자들께서 고통스럽지만 아름답게 지신 십자가를 묵상하며 나의 삶 속에서도 나의 십자가가 무엇이든 예!! 하고 순종하며 사랑으로 지고 가겠노라고... 오늘도 주님과 시원한 동행을 꿈꾸며 돌아간다.

순교자 성월

[포동 성당]
찔레, 맨드라미, 피마자, 장미, 왁스플라워, 꿩의 비름, 루모라 고사리

9월은 순교자 성월로 지내면서 8일 동정 마리아 탄생축일, 20일 성 김대건 안드레아 사제와 성 정하상 바오로와 동료순교자 대축일(23일 대축일 경축이동), 3일 한가위대축일(한가위대축일은 달이 달라질 수 있음)을 지낸다.

이 작품에서는 순교를 뜻하는 거친 느낌으로 표현해 보았다. 하느님과 맺은 사랑은 어떠한 어려움도 하늘과 땅의 그 어떤 세력도 떼어 놓을 수 없다. 찔레는 수난을 표현할 때 많이 쓰는 소재로 예수님을 따르는 십자가의 길을 표현하고, 굵은 나무토막을 이용해 고난 속에서도 굳건히 주님을 신뢰하는 모습으로, 빨간 맨드라미는 이 땅에 신앙의 씨앗을 뿌리고 가신 순교자들을 표현해 본다.

날마다 자신의 십자가를 지고 가는 사람은 모든 것을 잃은 것처럼 보이지만 모든 것을 얻은 사람이라는 복음의 말씀을 묵상하며 작품을 한다.

내 마음 속의 이야기

님의 향기를 따라서

- 돈보다 좋더라

포동 성당을 가려면 길이 두 곳으로 나누어 진다. 한곳은 시내를 통해서 가고 다른 한 곳은 꼬불꼬불 들길, 산길을 따라 간다.

나는 그 들길, 산길이 좋아 봉사의 손길이 필요했을 때에도 흔쾌히 가겠다고 대답을 했었다. 3년여 동안 다니면서 계절이 바뀔 때마다 얼마나 풍경이 아름다운지 마음마저 풍요롭고 시인이 되고 그랬다.

봄이면 아카시아 향기에 코끝이 향기롭고 개구리가 논둑을 팔짝팔짝 뛰놀고 노랑나비 흰나비가 팔랑팔랑 춤을 추는 것을 보는 것은 아주 흔한 풍경이었다. 비라도 올라치면 개구리 맹꽁이의 합창 소리가 어찌나 화음이 잘 맞는지 창문을 살포시 열어 빗방울을 투둑투둑 맞으며 듣곤 했다. 여름이면 연잎으로 푸르름을 즐기고, 가을이 되면 갈대밭과 코스모스 길이 장관이었다. 높고 파아란 가을 하늘 아래서 한껏 뽐내는 모세달이 금빛 카펫을 깔며 가을 분위기로 채색할 때 나는 코스모스 길을 콧노래를 흥얼거리며 맘껏 마음의 양식을 배불리 채웠다. 겨울에 눈이 내리면 산길이 무서워 핸들 잡은 손에 쥐가 나도록 힘을 주고 다녀도 그 아름다운 풍경이 좋아 안 가고는 못 견뎠다.

그렇게 산수가 수려(?)한 곳에서 살아서 그런지 포동 식구들의 표정도 해맑고 경쾌하게 빵끗빵끗 잘도 웃었다. 포동 식구(헌화회 봉사자)들과 하얀 도화지에 그림을 그려 넣기 3년여 동안 많은 추억이 있었다. 신부님의 넉넉한 배려는 봉사자들이 마음 편히 배워서 봉사할 수 있음을 기쁘게 해 주었다. 어느 날은 봉사자와 신부님 함께 야외로 나가 수업 땡땡이를 치기도 하고, 어느 날은 비 온다고 부침개와 국수를 삶아 맛있게 먹으며 수다로 수업하고, 어느 날은 하늘이 맑고 높다하여 이런 날은 밖으로 나가줘야 예의라며 코스모스 길 산책으로 (지금은 그 예쁜 코스모스 길이 없어졌다. 아쉬움 가득) 하하 호호 수업이라는 이름 아래 포동을 아예 휘젓고 다녔다.

아름다운 추억을 많이도 만들고 식구들의 실력도 갖춰져 이제는 하산을 해야 할 어느 날 신부님의 부름을 받고 미사에 참례를 하던 중 나는 깜짝 놀라지 않을 수가 없었다. 포동 식구들의 마음을 한가득 담아 준비한 선물을 주셨는데 그것은 감사패였다.

나의 자그마한 봉사의 손길에 이리도 큰 상을 챙겨 주시다니 부끄럽고 감사하고 그랬다. 그 무엇을 받은 것 보다 귀하고 주님이 나를 알아주시는 것 같아 가슴이 벅차 올랐다. 이 기쁨은 아마도 내 가슴속에 영원히 남아 있을 것이다.
오랜 시간이 흘러갔지만 지금도 그때를 생각하면 주님의 도구로 쓰임에 언제나 자신이 있고 떳떳하고 마음이 뿌듯함을 느끼게 하는 원동력이 되는 한 장면으로 남는다..

며칠 전 전례 꼭지 촬영차 찾아가는 포동 길... 오랜만에 가보니 사뭇 달라진 모습에 조금은 섭섭함이 있지만 반갑게 맞아주시는 주님과 나의 친구들이 있어 님과의 행복한 동행은 기쁨으로 충만하게 진행 중이다.

성 김대건안드레아와 성 정하상바오로와 동료 순교자 대축일

[한국전례꽃지도자연합회 데몬스트레이션 작]
피마자, 다래넝쿨,페레놉시스, 아라우카리아, 펑의비름

우리나라는 1784년 이승훈이 북경에서 세례를 받고 귀국하여 동료들에게 세례를 베풀고 신앙 공동체를 형성한 것을 한국 천주교의 출발로 보고 있다. 그러나 초기부터 모진 박해를 겪었고 박해는 신해박해를 시작으로 100년 이상 계속되면서 수많은 순교자를 냈다. 기해박해, 병오박해, 병인박해의 순교자들 가운데 103위가 1984년 성인의 반열에 들게 되었다 이를 계기로 9월 26일에 지내던 한국순교복자 대축일을 9월 20일로 옮겨 성 김대건 안드레아와 성 정하상 바오로와 동료 순교자 대축일로 지내고 있다.

순교를 아일랜드 수도원에서는 엄밀한 의미의 적색 순교라 하고 현실 생활 속에서 그리스도의 뜻에 충실하며 사랑의 삶을 실천하는 것을 녹색 순교라 불렀다.
순교의 의미를 색감으로 적색 피마자를 사용하고 세상에서 새로운 희망을 제시하며 씨를 뿌리고 거두는 신앙의 과정을 아라우카리아의 녹색으로 표현해 본다.

묵주 기도 성월

[월간지 게재작] 다래넝쿨, 장미, 불두화, 송악

묵주기도 성월은 다른 성월과 마찬가지로 그 달의 중요한 축일과 연관하에 제정 되었다. 우리로 하여금 묵주를 통하여 구원의 신비를 묵상하고 그 신비를 살도록 하느님께 전구해 주시는 성모님을 기념하고 감사드리는 의미를 지니고 있다. 즉 그리스도의 육화 사건을 통한 하느님의 구원 계획에 전적인 순명과 희생으로 동참하신 성모 마리아의 믿음의 삶을 묵상하고 이를 통해 구원의 신비에 더욱 가까이 다가가도록 우리 신앙생활을 쇄신하기 위해 묵주 성월이 제정된 것이다.

긴 통 병을 이용해 장식을 해 보면 동양 스타일의 멋이 한층 더 느껴진다. 소재도 다래넝쿨을 사용해 마치 나즈막한 산을 옮겨 놓은 듯 꾸며 본다.
한 발짝 가까이 다가서보면 많은 소재들을 발견할 수 있는데 이름

들은 다 모르지만 노랑, 파랑, 분홍, 보라색 등 예쁜 색들을 가진 들꽃들로 그룹을 이루도록 장식하고, 강한 것은 강한대로 약한 것은 약한대로 우리가 성모님을 의지하고 살아가듯 식물 또한 마찬가지로 서로 융화하고 부대끼며 살기에 이렇게 표현해 본다.

묵주 기도 성월

[노트르담 수녀회] 성당] 풍선초, 안수리움, 백합, 장미

성모님께 순결하고 깨끗한 백합꽃 한 아름 안겨 드리고픈 마음으로 작품을 표현해 보았다. 하느님의 구원사업에 온전히 봉헌하신 성모님의 모습을 하얀 안시리움에 담고 성모님의 모범과 도움을 힘입어 나와 이웃의 회개를 위해 자신을 희생하는 자세로 지내기를 기도하며...
당신은 사랑이십니다 성모님..

노틀담 수녀회를 처음 알게 된 것은 20여 년 전이었다. 매년 5월 5일에 열리는 진달래 축제의 참여가 계기가 되었다.

잘 가꾸어진 숲속에 자리하고 있는 수녀원의 풍경들은 마치 영화에서나 봄직한 모습들에 한참동안 바라보고 있기도 했었다. 분주히 움직이는 수녀님들의 환한 미소는 내게 깊은 인상을 주었다. 그 아름다운 미소는 아마도 그분들의 희생속에서 기도로서 피어나는 한 송이 꽃이 아닐까 싶다.

축제의 참여가 수녀회와 인연을 맺고 지금은 장애우 복지관 봉사자로서 매주 방문을 하고 있다. 가끔은 귀차니즘으로 꾀가 나기도 하지만 그 일이 나에겐 참회와 기도의 시간으로 다가와 준다. 보잘 것 없는 하찮은 나의 봉사가 여러 장애우들에게 기쁨을 줄 수 있다면 나 또한 큰 보람을 맛보며 십자가에 못 박히신 하느님의 사랑에 비하면 한없이 작은 나의 희생과 나눔이 주님 손길 안에서 오묘하게 사용되고 있음을 확신하며 마음속으로 불러 본다.
주님!! 주님!! 불러도, 불러도 좋은 이름 나의 주님. 하느님 아버지!!

위령 성월

강화대교를 건너다보면 첫 번째 만나는 곳 갑곶성지!! 나지막한 산등성이 위에 자리하고 있다.

몇 해 전 교구 전례꽃꽂이회 봉사를 할 때 와 보고 오랜만에 들려본다. 그 때와는 많은 변화가 있었다. 나무 숲속으로 묵주 기도의 길도 새로 나 있었다. 나 같은 발바닥 신자에게도 묵주기도를 하지 않고는 발길이 돌아설 것 같지 않는 조용하고 예쁜 길이다. 땅 위로걷는 것이 좋았던 십자가의 길은 예쁜 블록으로 깔려 있어 기도를 하면서도 세상의 낭만 속에 빠졌던 그런 마음은 없어진 것 같다.

조용히 무릎을 꿇고 두 손을 모은다.
주님! 위령성월엔 세상을 떠난 영혼들을 특별히 기억하고 특히 아무도 돌보지 않는 연옥 영혼들을 위해 기도합니다.
모든 영혼들이 이 세상에 머무를 때 고통과 슬픔, 모든 아픔들이 주님 나라에서는 참 평화속에서 참 행복과 참 기쁨으로 채우고 있기를 이 고운 계절 아름다운 가을날에 기도합니다. 아~멘.

내 마음속의 이야기

- 천국으로 가시던 날에

꽃 상여의 소리가 멀어져 가고 보일듯 말듯 사람들의 그림자도 보이질 않는다. 초등학교 5학년이었던 나는 그렇게 아버지와 마지막 작별을 했다.

땅거미가 어렴풋이 내려 앉은 그 시간!!
나와 어머니는 분주히 떠날 차비를 했다. 강아지 한 마리와 말려 놓은 호박꼬지, 시레기를 가방에 담았다.

"어서가자. 어서가자.."

내가 22년 동안 살아오면서 그렇게 서두르는 어머니의 모습은 처음이었다. 밖은 어느새 빛을 삼켜 버린 지 오래인 것처럼 깜깜해져 있는 어둠의 세계로 나는 걸어갔다. 강아지 가방을 한손에 들고 한손은 어머니의 팔을 잡고 8차선 도로 중앙선에서 나는 잡았던 팔을 풀고는 고가도로 위에서 달려 내려오는 버스를 바라보며 말한다.

"엄마! 저 자동차가 지나가면 건너시자구요.."
"애야 자동차가 사람을 피해 가야지 사람이 자동차를 피해가니? 어서가자..."

그렇게 나는 어머니와 이 세상에서의 마지막 인사를 나누고 천국으로 보내 드렸다.

그 아픔 속에서도 시간은 흘러가고 결혼을 해
큰 아이 마리아가 이 세상의 새 생명으로 왔다.
마리아가 아장아장 걸을 무렵
마리아의 진주 할머니가 천국으로 가시고,
둘째 카타리나가 태어 났다.
몇 년 후 시아버님이 가시고,
몇 년 지나지 않아 시어머님을 보내 드렸다.
년 친정 아버지 처럼 잘 챙겨 주시고
아껴 주시던 형부를 나는 천국으로 보내 드리며
많이 아주 많이 슬피 울었다.

나는 지난 시간 속으로의 아픈 추억을
돌아보고 싶지는 않지만
그래도 내 곁에는 주님이 계시기에
그 아픈 기억조차 아름답게
가슴에 남겨져 있을 수가 있었으리라.
이 세상에서의 고운 추억을 그리움으로 남기고 떠나신
나의 고운 님들은 천국에서의
평화의 안식으로 나날을 보내고 있으리니...

온 세상이 가을 색으로 물들어 있는
고운 풍경이 내 마음 한 켠에도
예쁘게 채색을 하고 있습니다.

세상의 어느 것 하나
주님의 손길이 안 닿는 곳이 없습니다.
생명이 있다고 소중하고
생명이 없다고 차별하지 않습니다.
주님은 공평하신 심판자입니다.

먼저 가신 님들의 이름은
잊어져 가고 있지만
근심 할 것도 슬퍼 할 것도 없습니다.
주님의 사랑은 하나이기 때문입니다.

위령 성월

[한국전례꽃지도자연합회 전시작]
다래넝쿨, 펠레놉시스, 개운죽 뿌리

나무 토막, 프레임, 호야, 이끼, 펠레놉시스

찔레, 꽈리, 해바라기, 맨드라미

기타

설 대축일

[클라라 수도원]
소나무, 금어초, 극락조화, 백합, 비파열매, 러스커스, 루모라고사리

설날은 우리 고유의 명절이기에 전체 교회적인 차원에서 기념하는 날은 아닙니다. 우리 민족은 설날에 먼저 가신 조상님들과의 만남을 제사라는 의례로 발전시켰습니다. 교회력에서는 위령의 날(11월 2일)이 주는 의미도 설날에 포함 된다고 합니다. 한 해 내내 주님의 풍성한 은총을 기원하면서 작품을 시작합니다. 사철 푸른 잎을 지니고 있는 소나무는 늘 조건없이 베풀어 주시고 희망을 주시는 주님과 같습니다. 극락조화와 금어초, 백합과 국화는 땅에서의 생명 각각의 체로서 그 나눔과 감동을 주는 우리들로 표현해 봅니다.

[클라라 수도원]

먼 길을 나선다.
달리는 차창 밖으로 보이는 한강 둑에서 겨울 철새들이 먹이를 찾고 있다.
가끔은 먹이를 두고 다투기도 하는 듯 서로 푸드득 날개 짓을 심하게 하는 모습도 보인다. 한참을 달려 목적지인 클라라 수도원에 닿았다. 흠~ 예전에 방문했던 그 장소가 아니네. 네비양의 안내대로 산모퉁이를 돌아 도착한 곳은 전혀 다른 곳이었다. 강줄기가 시원하게 보이는 조용한 산기슭에 위치한 수도회는 너무도 아름답고 고요하고 풍경이 좋았다.

마침 미사 시간이 되어서 성당 안으로 들어갔다. 잘 정돈된 복도를 지날 때는 너무도 깨끗해서 실내화도 벗고 살며시 문을 여는 순간, 안에서 바라보는 시선들..!! 찌~릿...^^
신부님과 자매님 한분 학생 둘 뿐이다. 이럴 수가... 이렇게 큰 수도원에 달랑 네 사람이 미사를 드린다는 말인가?
그건 나의 잘못된 생각이었다. 미사가 시작되자 한쪽에서 들려오는 주님의 찬미소리... 아~ 아름다운 수녀님들의 성가 소리는 멋에 죽고 사는 나를 흥분시키기에 충분하였다. 마치 천국에 온 느낌 바로 그것 이었다. 어찌 목소리가 저리도 고울까.. 마치 한 사람이 부르는 것처럼 저리도 화음이 잘 맞을까..
미사가 끝나고 제대 꽃 장식을 할 때는 모든 수녀님들이 주~욱 둘러 앉아 너무도 과분한 칭찬을 많이도 해 주신다. 순수한 믿음 안에서 보낸 클라라 수도회에서 님과의 행복한 동행 멋진 하루이어라.

설 대축일

[원당동 성당]
오죽, 오리목, 아이리스, 국화, 장미, 카네이션, 드라이 종려잎, 루모라 고사리

단지 주위로 오죽을 도형적으로 걸쳐 놓고, 오리목과 종려잎, 루모라 고사리를 오죽과 연결해 부등변 삼각형이 되도록 꽂은 다음 아이리스를 중앙에 중심적으로 꽂으며 준비한 종지들을 도형 안에서 어울리도록 꽂고 마무리해 준다.

추석 대축일

추석 대축일

[월간지 게재작] 드라이 엽난, 노박넝쿨, 안수리움, 조, 용담초, 꽈리, 이끼시아

추석 대축일

[원당동 성당]

피마자, 풍선초, 다래넝쿨, 해바라기, 만수국, 용담초, 화초고추, 불로초,
국화, 리아트리스, 마가목 열매, 꽈리, 애기사과

추석은 가을의 한 표현으로 하면 좋다.
여러 종류의 곡식이 잘 익고 있는 들판을 보고 있는 것만으로도
마음이 너그럽고 풍성해 진다.
꽃 장식을 할 때에도 소재가 풍부하니
마냥 기쁘고 부자가 된 느낌으로 손길이 바쁘다.
이것저것 욕심껏 준비를 하다 보면
어느새 한가득 된 재료 다발을 안고 발걸음만은 가볍게
룰루랄라 성당으로 고고...~

추석 대축일

[한국전례꽃지도자연협회 데몬스트레이션 작]
수수, 미국자리공, 피마자, 조, 맨드라미, 연밥, 고추, 마가목 열매, 옥시

한가위는 특별히 한국에서만 지내는 대축일로 예로부터 조상님들의 은혜를 기억하며 감사를 드리는 날이다. 또한 온가족이 함께 모여 나를 세상에 내신 하느님의 뜻을 새기며 한국순교 성인들의 삶도 본받을 수 있도록 묵상을 하며 작품을 표현해 본다.

견진

[월간지 게재작]
능수버들, 아스파라거스 고이데스, 장미, 피라칸사 열매, 이끼

이 작품은 월간지에 기재했던 작품인데 마음에 드는 작품 중 하나다. 간결하면서도 말씀의 의미가 잘 표현 되었던... 프로럴폼을 깎아 능수버들로 감아서 화기로 써 보았다. 흔히 구조물을 이용하거나 또는 조형물을 이용해 작품 표현을 하지만 전례 꽃 장식은 일주일을 기준으로 봐야하기 때문에 프로럴 폼을 이용하는 것이 좋다. 견진 장식에 말씀을 담아내기에는 성령 칠은 또는 성령의 아홉가지 열매를 표현하기도 한다. 위에 작품은 7개의 장미 다발을 만들어 성령 칠은 즉 슬기(지혜), 통달(깨달음), 의견, 굳셈, 지식, 효경, 두려움(경외심)을 나타내고 빨간 피라칸사는 장식적 효과와 함께 베이스로 깔아 홍색인 견진의 색을 한층 배가 시켰다.

교구 전례꽃꽂이 활동을 할 때 인연이 된 연 마리아 수녀님한테 연락이 왔다. 원주에 계신다 하시며 견진성사 꽃 장식을 부탁하시는 것이다. 흔쾌히 해 드린다하고 준비를 해 달려갔다.

원주는 가까운 거리가 아니었지만 부족한 엘리아를 필요로 하시니 감사하며 달려간 곳은 아담하고 예쁜 군종성당이었다. 본당에 들어가니 남자들만의 진한 향기(?)가 코를 찔렀다. 수녀님은 피식 웃으시며 다 그렇지 뭐 라는 표정을 지으신다. ^^

제대 한 옆에는 수녀님의 솜씨를 발휘한 구유가 자리하고 있고 나는 제대 앞에 견진성사 장식을 정성껏 했다. 견진성사 장식엔 주님의 마음을 불 같이 뜨겁게 열정적으로 받으라는 의미로 붉은 색을 쓴다. 해서 준비한 재료들이 금어초, 닥나무, 덴드로비움, 하얀비둘기 등등.. 장식을 막 끝내려고 하는데 뒤쪽에서 들려오는 수녀님의 낭낭한 목소리...
"자매님 !!...빨간 비둘기는 없어요?. 너무 하얀색만 쓴 거 아닌가요 ?"
앗! 나의 실수가 발견되는 순간이었다.

하얀 비둘기만 준비한 엘리아.. 이를 어쩌나 하며 순간 떠오르는 아이디어... 흠...
빨간 페인트를 뿌리자...
색이 마른 후 실행에 옮겨보니 잘 어울렸다.
성령의 표현으로 빨간 비둘기는 하얀 꽃들 위에 살포시 내려앉은 듯 장식의 맨 윗부분에 올려 보았다. 약간은 2프로 부족한 작품이었지만 소중한 인연으로 담아 두기엔 충분했다. 흡족해 하시며 밝게 웃으시는 수녀님의 모습에서 큰 기쁨을 맛보는 나들이었다. ^^

내 마음속의 이야기

내 마음 속의 이야기

- 프리티한 루시아 수녀님

5월의 푸르름이 짙어가던 어느 날 전화벨이 울린다. 반가운 목소리가 들려온다. 몇 년 전에 본당에 계시던 루시아 수녀님!!.. 인연이란 그리 이어지나 보다. 그날도 주교님의 회갑을 맞이하여 살짝~쿵 꽃 장식을 부탁하시는 수녀님!. 부족한 엘리아를 기억하시어 불러 주시니 감사할 따름이다.

가자가자 수원교구청사로...
건축 양식이 특수한 수원교구청사가 눈앞에 나타난다. 입구 옆으로는 주교좌성당의 십자고상이 하늘 높이 예수님이 못 박혀 달려 계신 모습에 무릎을 꿇고 기도를 드리지 않을 수가 없었다. 겸손 되이 고상 앞에 두 손을 모은다.

수녀님은 일을 진행하실 때 꼭 내려 주시는 작전명이 있다. 007 작전이라고.. 하하.^^ 재빠르고 조용하게 비밀스럽게 일을 마쳐야 한다. 수녀님은 이번에도 주교님을 깜짝 놀래켜 드리려는 이벤트 준비에 여념이 없으시다. 정성을 다해 주시라는 당부와 함께 맛있는 간식과 제주산 한라봉 생쥬스를 손수 갈았다고 하시며 자신있게 들고 나오신다. 장식을 하는 동안에도 어찌 그리 세심히 살피시는지 감탄의 연속이다. 예전의 본당에서 함께 했던 이야기를 나누는 것은 꽃 장식이 끝날 때 까지도 끝이 없다.

수녀님의 유머수다는 시간이 늦은 줄도 모르고 계속 되고 있을 때 어디선가 나지막히 들려오는 한마디.. 여러분!!.. 주교님 기도하러 오실 시간이에요.. 화들짝..^^ 오늘도 님의 길을 따라 행복한 동행은 미소와 함께 마무리 한다.

정열적인 컬러를 가진 헬리코니아.. 제대꽃 장식을 할 때 성령, 순교 등을 표현하고자 할 때 주로 사용하지만 오늘은 특별히 이용훈 마티아 주교님의 이 세상에 탄생을 알리신 61주년 기념으로 장식해 봅니다.

세상에서의 희생을 통한 사랑을 주시고 베풀며 30년을 훌쩍 넘기시고, 오늘에 이르러 주교님의 사랑을 어찌 다 작품에 담아낸다는 것이 미흡하지만 엘리아의 손길로 최선을 다해 봅니다. 한 아름 가득 수국으로 깨끗하고 청아함을, 비둘기의 날개 짓에 온 세상의 평화와 주교님의 건강을 기원하며 작품을 표현 합니다. 주교님은 엘리아가 누군지도 모르실텐데..^^

조배실에서

알륨, 호아니, 맨드라미, 델피니움

조배실에 나는 동양적 장식을 잘 해 놓는다.
화려하지 않고 조용한 스타일을 좋아하기도 하지만
조배실은 주로 혼자 기도할 때가 많으므로 많은 양이 아니더라도
자그만 꽃 한 송이로도 기도하는 분들과 마음을 나누기 때문이다.

다래넝쿨, 몬스테라, 안투리움, 카네이션, 장미

정통 동양꽃꽂이에서 병 꽃꽂이 고정 방법은 반드시 나뭇가지를 갈라서 끼우거나 교차로 묶어서 또는 철사를 구부려 넣거나 작은 침봉을 이용해야만 했다. 지금에 와서는 용도에 따라 편리하게 프로럴폼을 넣고 장식을 하기도 한다.

석화버들, 수국, 알스트로메리아, 측백

버들 종류는 물의 정화 작용도 뛰어난 소재로 보통 꽂아서 2,3일이 지나면 물을 갈아주는 수고를 덜 수 있다. 뿐만아니라 선을 아름답게 만들 수 있어 목적에 맞게 쓸 수가 있다.

시원하게 뻗은 두 줄기 선이 주님과의 만남에 자리에서 이야깃 거리가 되지 않을까??..
주님!!..
엘리야 주님께 고자질 하러 왔어요.
스테파노가 어제 출근해서 지금까지 행방불명입니다. 얄미워 미치겠어요... 하면서 말이죠.. 후후

능수버들, 아마릴리스, 둥굴레, 작약

능수버들의 하늘하늘한 선이 마음마저 흔들어 놓는다.
톡 하고 터질 것 만 같은 저 아마릴리스의 봉우리를 보라.
조배실에 기도하러 갔는데 유행가가 떠올라 미소를 짓게 한다면
오늘의 꽃꽂이는 대박을 터트린 것이다. 후후

조배실에서

시계초, 쥐세리, 알리움

동양 꽃꽂이를 할 때에는 화기가 차지하는 전체적 부분을 고려하지 않을 수 없다. 화기만의 멋스러운 매력으로도 충분한 감상의 가치가 있기 때문이다. 오늘 준비한 모든 재료가 아름답게 어우러져 준다면 우리가 조배실에서의 기도 효과는 배가 될 것이다.

꽃꽂이를 할 때 이르는 말 중 하나...
야외에 나갔을 때 빈손으로 오지 말라는...^^
모양이 이상하게 뒤틀렸거나
정상을 벗어난 것 일수록 좋다.
한 개씩 모아 두면 다 재료의 재산이 된다.
동양적 표현을 할 때
멋진 선의 미학을 발견 할 것이다.

고목, 망개, 덴드로비움, 트라첼륨

직선적인 소재는 감상자로 하여금 힘을 주지만
놓는 장소에 따라 다가오는 느낌이 달라질 수 있다.
조배실이란 특정한 장소는
곡선이 주는 부드러움도 좋을 듯하다.
고목사이에서 나오는 그린의 배치가
희망을 부르는 기도와 시너지 효과를 낼 수 있어 좋다.

고목, 알리움, 카네이션, 꿩의 비름, 수국, 다알리아, 쥐똥나무

루드베키아, 산수국, 에린기움, 꽈리

화기가 주는 미와 선의 조화가 멋들어진다.
화기색의 명암과 소재의 명암이 잘 나타나 줄 때
장식가로서의 보람이 한껏 부풀어 오른다.
이리 꽃이 멋지다고 기도는 안 하고
수다 삼매경에 빠지면 혼쭐이 납니다.
주님한테... 예수님한테... 그 님한테...

풍선초, 국화, 맨드라미, 이삭, 꿩의 비름

꽃 재료를 준비하다 보면 특이 소재들을 종종 만나게 된다.
그 중 한 종류인 풍선초...
감상자로 하여금 호기심 가득한 마음 감출길이 없다.
스토리를 만들 수 있는 꽃 장식의 소재를 쓴다는 것도
하나의 테크닉이다.

해바라기, 노박덩굴, 이끼시아, 국화, 루모라 고사리

곧게 뻗은 해바라기 꽃이 마치 주(主)바라기 같다.
해바라기는 폼 꽃으로(이끄는 꽃)으로 크게 표현하고자 할 때 주로 쓰는 재료중 하나로서 종교적 컬러 표현에서 노란색 즉 황금색은 위로 올려 주는 색, 영광을 나타내는 색이다.

Liturgy Flower Essay
님의 향기를 따라서

저자_ 김정희 엘리아
　　　전화 010.9059.6653
　　　http://blog.daum.net/f4972
　　　kimelia@hanmail.net

인쇄_ 2012년 11월 26일
발행_ 2012년 12월 1일

발행처_ 도서출판 세이
발행인_ 유의선

서울시 서초구 동산로12길9 정원빌딩
전화 02.3444.1522 팩스 02.3444.1523 sayflory@hanmail.net
http://www.sayflory.com

이 책은 저작권법에 의해 보호를 받는 저작물이므로 서면에 의한 저자와 출판사의
허락없이 내용의 일부를 인용하거나 발췌하는 것을 금합니다.

ISBN 978-89-94788-06-7

값 18,000원